Der Heubt Artikel des Glaubens
von vnserm HERRN Christo/ gepre=
diget vnd ausgelegt/ Durch D.
Martinum Luther.

Wie wol ich offt vnd viel/ von dem Artikel des Glaubens von Christo geprediget vnd geschrieben habe/ Doch weil es so für fellet/ vnd wir nichts anders noch bessers predigen können/ auch nichts liebers hören sollen/ Wil ich itzt auch da von reden/ vnd etliche stück handeln/ wie sie nach einander stehen/ jnn diesen worten.

Ich gleube an Jhesum Christum/ seinen Einigen Son/ Vnsern HERRn/ Der empfangen ist von dem Heiligen geist/ geborn von Maria der Jungfrawen/ gelidden vnter Pontio Pilato/ gecreutziget/ gestorben vnd begraben/ niddergefaren zur helle/ Am driten tage widder aufferstanden von den todten ꝛc.

A ij   Jn

Im ersten Artikel von der Schepffung/ haben wir gelernet/ wie vns Gott erstlich geschaffen/ vnd alle creaturn gegeben hat ꝛc. Aber dieser Artikel leret vns nu/ wie wir widderumb eine newe creatur sind worden/ nach dem wir gar verdorben vnd vmbbracht sind/ nach der ersten schepffung/ durch den leidigen Teuffel/ der vns betrogen hat/ durch seine lügen/ vnd die Göttliche creatur gar zu nicht gemacht/ vnd da hin bracht/ das wir musten von Gott verworffen/ ewig sterben vnd verderben/ Denn was von Gott gescheiden ist/ das ist schon ewig verdorben vnd verloren/ Darumb gleuben vnd bekennen wir/ jnn diesem Artikel/ das wir aus dem verderben vnd sterben widderbracht vnd widder geschaffen sind/ jnn ein new ewig leben/ da zu wir zuuor auch geschaffen waren/ aber durch Adams fall verloren haben/ Vnd das das geschehen sey/ durch den lieben Son Jhesum Christum/ der für vns sein blut vergossen/ vnd dem Vater darinn gehorsam gewest/ vnd vns geliebet hat/ das er vns aus der helle rachen vnd Teuffels gewalt erlösete/ vnd jns himelische ewige leben setzete.

Vnd ist fur war ein wunderbarlich ding/ das es vnsert halben so leicht sol zu gehen/ Vnd solch trefflich gros werck ausgericht sol werden allein durchs Wort vnd den Glauben/ so daran henget/ das wenn mans mit der vernunfft wil ansehen/

ſehen/ſo reimet ſichs doch gar nicht da zu/ Denn
wir ſehen mit augen/fülen vnd erfarens da zu an
vnſern eigen leibe/das die gantze wellt da hin ſtir
bet vnd verdirbet/ Vnd ſo weit wir vns vmbſehen
ſo finden wir nichts/ denn das gantz menſchlich
geſchlecht da hin feret/als jnn lauter nichts/ vnd
nimer widderkomet/ Sonderlich was der armen
elenden Chriſten ſind auff erden/ die der Teuffel
plaget vnd martert/als wolt er ſie gar freſſen/ die
werden ſo gar auff gerieben/ zu puluert vnd zu=
ſteubt/ das man nicht ein ſteublin von jn bleiben
ſihet/Vnd ſol doch ſo leichtlich zugehen/ das die
ſo wir itzt mit augen ſehen/zugeſcharret/ vergra
ben vnd zu puluer worden/ ſollen widder komen
vnd leben/ nicht dieſes armen vergenglichen le=
bens/ſondern viel herrlicher vnd köſtlicher/Vnd
ſol niemand da zu thun/kein ertzney noch menſch
liche hülffe da zu komen/noch jemand den cörper
auffgraben odder widder zuſamen raffen/ Son=
dern nichts mehr ſein/ denn das Wort/ das wir
hie ſprechen/welchs ſo zurechen auch die kinder
jnn der wigen können/ Da mit ſol ſolch trefflich
werck ausgerichtet werden/ das alle todten vnd
wir/die ſo jemerlich vmbkomen vnd ſterben/ von
würmern vnd maden gefreſſen/ das kein ſchend=
licher/ſtinckender aſs auff erden iſt/ſollen ſo herr
lich widder erfür komen aus dem tod/ſchöner
vnd heller denn die Sonne.

Solche krafft(gleuben wir) ſol dis einige
wort haben Jch gleube an Jheſum Chriſtum ꝛc
Welchs doch ſo gering ſcheinet/ das es mit des
A iij menſch=

menschen odem auffhöret vnd vergehet/ Vnd so gemein ist/das jederman im maul hat/vnter dem Bapst so wol/als vnter vns/ Aber auch von wenigen recht gegleubt/ vnd gar trefflich verachtet wird/Sonderlich wenn man jm mit der vernunfft nach dencket/ vnd vnser weisheit darinn klügeln lesst/das sie gar daruber zur nerrin wird/vnd helts für lauter fabeln/ Welchs jnn Welschen landen nu gar gemein worden ist/ das sie von diesem Artikel gar nichts gleuben/vnd zwar auch viel vnter vnsern leuten bereit solche weisheit gelernet haben/das sie es für eitel gelechter halten/ Sonderlich weil wir sagen/das so gar leichtlich solle zugehen/on alle vnser thun/vnd gar kein krafft/ gewalt noch mittel sol da zu komen/denn das der einige mensch Christus / mit einem Wort werde widder aus der erden bringen / alles was von Adam her komen/ vnd jhe auff erden geboren ist.

Darumb ist es eine predigt/ allein für die Christen/die es mit ernst gleuben/vnd des gewisslich hoffen/durch Gottes gnade/ das es geschehen vnd war werden sol/ Sonst wirds wol bleiben/wie es bisher jmer gewest ist / das diese predigt bey der wellt nichts sey/ ob sie es gleich hören/vnd auch selbs sprechen/ Doch müssen wirs predigen / vmb vnser selbs willen/ wie wenig jr auch sind die es gleuben/als Gottes liebe kinder/ Denn die wellt/ Bawr/Burger/Adel sind doch des Teuffels/on das Gott jr wenig/ als köstliche eddel steine vnd Turkis eraus lieset/ die er jnn seinen finger reiff fasset/ Der ander hauffe bleiben
wol ki=

wol kisel steine/wie sie sind/da mit der Teuffel ein pflaster machet/ vnd darauff zur helle rennet.

So las vns nu sehen/ was die wort jnn diesem Artikel heissen vnd bedenten. Ich gleube (spricht ein Christ)an Jhesum Christum/ seinen Einigen Son/vnsern HERrn 2c. Da stehet der Christen weisheit vnd kunst/ die sie allein haben vnd verstehen/vnd die gantze wellt nicht weis noch verstehet/ob sie es wol auch wol teglich höret Nemlich/ das wir gleuben vnd im hertzen gewis sind/ alles das diese wort sagen vnd geben/ das der mensch Jhesus Christus/ sey der Einige vnd warhafftige Son des Vaters 2c. Denn mit dem selbigen wort/ Einigen Son/ wird er gesondert vnd gescheiden/ von allen sönen odder kindern Gottes/ das er keinen solchen son mehr habe/ Sonst werden auch alle Engel jnn der schrifft genennet Gottes kinder/als Diob am ersten vnd am letzten Cap.Gott selber spricht. Vbi eras cum me laudabant omnes filij Dej? Wo warstu/da mich alle Gottes kinder preiseten? Das ist/da noch kein mensch geschaffen/ vnd doch der himel bereit vol Gottes kinder war.Also auch wir/ wenn wir getaufft sind/werden Gottes kinder genennet/ wie die Schrifft zun Ebreern am. 2. Capi. saget das durch diesen Son viel seiner kinder sind zur herrligkeit geführet/ Es ist aber keiner/on diesen HErren Christum/ der da sein Einiger Son heisse/ Darumb mus er eine höher/edler geburt haben/ denn beide Engel vnd menschen/ die auch wol Gottes kinder heissen/vnd jn anruffen einen Vater
aber jr

aber jr keiner kan allein sagen/ Mein Vater/ sondern müssen jnn gemein sprechen/Vnser Vater/odder ob wol jemand sagt/ Mein Vater/ so spricht ers doch nicht/als sey ers allein/Aber weil Christus allein Einiger Son heisset/ das er jnn dem stam odder geburt keinen gleichen odder neben sich hat/so mus er der geburt nach/ vber alle heilige Engel vnd creaturn sein/ der keiner thar jn so ein Vater nennen/wie Er jn nennet.

Da ist nu bereit der Artikel/ darinn wir gleuben/er sey rechter warhafftiger Gott/mit dem Vater/vnd doch nicht die selbige person des Vaters/ sondern ein vnterschiedliche person/ Nu mus es so sein/ vnd die gantze Schrifft bezeugets/ das nicht mehr denn ein Gott sey/darumb mus die selbige vnterschiedene person/ doch vereinigt sein mit dem Vater/jnn einem einigen Göttlichen wesen odder substantia/das man nicht zween Götter mache/odder ein vnterschieden Göttlich wesen/ Vnd dennoch der Son ein ander person sey/ jnn dem selbigen einigen wesen vnd maiestet/also das der Son sey vom Vater jnn ewigkeit geborn/ nicht der Vater von dem Son.

Es ist aber auch ein Artikel/ der da wol gemeistert vnd zu spottet ist/ von anfang der Christenheit vnd noch bis ans ende/ von der klugen wellt/ Vnd ist auch nicht on fahr/ das man mit der vernunfft herein fare/ vnd jm nach dencken wölle/Denn alle die sich haben vermessen mit gedancken jnn himel zu klettern vnd wollen fassen vnd messen/ wie es müglich sey/ das drey person
ein we-

ein wesen sey / die sind drüber gestürtzt / vnd sind doch gewest die aller höhesten / weisesten leute auff erden / haben da zu auch das schwerd drüber gezückt / vnd die gleubigen feindlich verfolget vnd zu plagt / vnd wolten doch auch Christen heissen / als die nicht solten leiden / das man mehr denn einen Gott machete / Christus dem Vater solt gleich gegleubt werden / Das liessen sie wol zu / das er Gottes Son were / aber nicht nach dem einigen wesen vnd Gottheit / Vnd ist auch itzt den Türcken kein lecherlicher predigt / denn das wir Christen predigen vnd gleuben einen Gott / vnd doch noch einen Gott dazu machen / Ey / es taug nicht (sprechen sie) jnn einem haus zween hauswirte / odder jnn einem land zween Fürsten die zugleich regiren wollen / sondern es mus ein regiment vnd ein Fürst / also auch ein Gott sein.

Wo her ist nu solchs gespunnen? Aus der schönen klugen vernunfft / die hat es gesehen jnn jrer finstern latern / das sichs nicht reime zween hanen auff einer misten / noch zween Wirt odder Fürsten jnn gleicher gewalt / denn sie können sich nicht mit einander leiden / einer mus den andern dempffen / Das ist ein schöne gedancken / vnd kan niemand leugnen / das sichs nicht anders reimet / vnd billich so sein sol / Aber das sie wil aus dem haus odder Fürstenthum mit jren gedancken fliegen / vnd jnn das Göttlich wesen fladdern / vnd da von vrteilen / da von nie kein mensch etwas gehöret noch gesehen hat / vnd jnn kein menschen hertz komen ist / Das reimet vnd stifelt sich vbel / Noch sind sie sind sie solche narren/ bleiben nur auff solchen gedancken/ Es reime sich nicht/ das zween jnn gleicher gewalt regieren/ Weil man solchs verstehen vnd teglich füraugen sehen kan jnn den creaturn/ Aber das gilt nicht/ das man da mit wil faren jnn das wesen/ da kein mensch von weis/ vnd so gar vber alle synne/ vnd ausser allen creaturn ist/ das wir wedder roch noch schmack da von haben/ vnd allein von oben herab mus verkündigt werden/ vnd solch wort das vom himel kompt/ nicht wollen gleuben/ noch daran hangen/ sondern mit eignem kopff wollen messen/ nach dem hauswirt vnd regiment auff erden/ das ist/ nach dem wesen das wir gesehen vnd erfaren haben/ da mit ist schon alles verkeret/ vnd eitel lügen an stat der warheit gesatzt

Darumb heissets also/ Wer wil recht faren das er sage/ Ich gleube/ nicht ich schliesse odder vrteile/ das so recht odder nicht recht sey/ Denn wenn du es wilt vrteilen/ was darffestu denn des Glaubens? Wer da gleubet/ der vrteilet nicht/ sondern lesset sich vrteilen vnd gibt sich gefangen jnn eines andern vrteil/ vnd mit der that sagt/ Ich bin hierin ein narr vnd verstehe es nicht/ denn ich nichts da von gesehen odder gehöret noch erfaren habe/ Aber weil es Gott sagt/ so wil ichs gleuben das also sey/ vnd dem Wort folgen/ mein gedancken vnd verstand lassen nichts sein/ So ist er geurteilet durchs wort/ daran er sich helt/ nicht durch sein vernunfft vnd eigen verstand/ Wer das nicht thut/ der hat nichts vom glauben noch von Gott vnd was Gottes ist/ sondern feret als ein blinder/
der doch

der doch von der farb / odder vom liecht der son-
nen vrteilen wil / da von er nie nichts gesehen
noch empfunden hat.

Denn solt jemand etwas können erlangen
mit gedancken von Göttlichen wesen vnd sagen /
was Gott sey / so hettens ja die Juden erlangt /
welche haben die Schrifft gehat. Item / die geler-
ten / weisen / leute vnter den Heiden / die so viel
dran gewand / tag vnd nacht mit gedancken dar-
nach gegraben / vnd sich wol lassen düncken / das
etwas mehr sein müste ausser der creatur / das ein
Gott were / vnd doch sich nicht können drein schi-
cken / wie odder was / noch so viel erlangen / das
sie kündten sagen / Das ist Gott / odder so ist vnd le-
bet er rc. Sonst hetten sie es nicht gelassen / sie het-
ten alle bücher des vol gekleckt / Weil es nu kein
mensch mit vernunfft vnd synnen erlangen / son-
dern allein durchs wort von himel mus offenba-
ret werden / So heisst es hinfurt / nur die vernunfft
gar zu gethan vnd geblendet / vnd sich hie her ge-
geben / Wiltu ja klug sein (spricht Gott) so wil ich
dirs gnug geben / hie niden auff erden / da regire
die ochsen / kue / pferde vnd dein haus / kind / ge-
sind / stad / land vnd leut / da brauche nur deiner
weisheit vnd kunst wol / so wirstu wol alle hende
vol zu thun kriegen / Wie es denn allen denen ge-
het / die gerne recht regiren wollen / das jn alle
witz vnd vernunfft zu kurtz wird.

Aber jnn den sachen / da ich nicht hin komen
kan mit meiner klugheit / das mus ich sie da hei-
men lassen / vnd sagen / Ich weis vnd verstehe es

B ij nicht

nicht / Aber ich höre das von oben herab schallet vnd jnn meine oren klinget / welchs kein mensch jhe erdacht hat / Da höre ich nu / das Christus ein Göttlich wesen mit dem Vater hat / vnd doch war ist / das nicht mehr denn ein Gott ist / Wo wil ich tappen / grunden vnd fassen odder schliessen? es lautet zu lecherlich jnn oren / vnd gehet nicht jnn die vernunfft / ja es sol auch nicht drein gehen / sondern so da zu sagen / Wenn ich das Wort höre lauten / als von oben herab / so gleube ichs / ob ichs wol nicht kan fassen / vnd nicht verstehen noch jnn meinen kopff wil / wie ich das kan fassen / das zwey vnd funffe sind sieben / mit der vernunfft vnd las mich niemand anders weisen / Noch wenn Er oben erab sagte / Nein / sondern es sind achte / so solte ichs gleuben / widder meine vernunfft vnd fülen / Wolan wenn ich richten wil / so darff ich nicht gleuben / Jch wil aber jm gleuben der da richtet vnd vrteilet / da bleib vnd sterbe ich auff / Denn ich verlass mich auff den / den ich für klüger halte / vnd besser zelen kan / denn ich / ob ichs gleich auch kan / doch wil ichs jm zu dienst gleuben / vnd sol die warheit heissen was er sagt / ob alle wellt anders sagte.

Also soltn hie auch thun / obs gleich die vernunfft nicht kan leiden / das zwo person ein Gott sind / das lautet eben als wenn ich sagte / Zwey sind nicht zwey / sondern zwey sind eins / Da hast du das wort vnd vernunfft widdereinander / noch sol sie da die meisterschafft legen vnd kein richter noch Doctor werden / sondern das hütlin abe-
thun

thun vnd sagen / Zwey sind eines/ ob ichs schon nicht sehe noch verstehe / sondern ich gleube es / Warumb? Vmb des willen der es oben herab gesagt hat/ Wenn es aus mir keme/ odder vernunfft solchs wolte sagen/ so solt michs kein mensch bereden/ das ichs gleubte/ sondern wolt jm die Mathematica für die nasen legen/ vnd zeigen/ das ers greiffen solte/ vnd mir weichen müste/ Nu es aber von himel herab schallet/ so wil ichs gleuben was er mir sagt / das zwo/ ja alle drey person nur ein rechter Gott/ nicht zween odder drey Götter sind/ Das wil ich jm zu ehren vnd dienst thun/ dem ich schuldig bin zu gleuben / vnd mich so vrteilen lassen/ das ich ein narr sey/ der nicht könne drey zelen/ wie wol ich doch Gott lob / wol kan drey zelen/ hie niden auff erden/ vnd mich niemand darff die kunst leren noch richten / das ich nicht köndte drey zelen.

Da hin füret vns nu die Schrifft vnd dieser Artikel/ das ich mus sagen/ das dieser Christus sey der einige Son Gottes/ des gleichen Son keiner ist im himel vnd auff erden / Denn die gantze Schrifft zeuget/ das er dem Vater gleich sey/ vnd was der Vater schaffet odder machet/ das thut er auch/ vnd Summa/ wie Sanct Johannes jnn seinem Euangelio jmmer dar zeiget/ das er sich annimpt aller werck Gottes/ vnd wil eben also geehret werden/ wie der Vater geehret wird / setzet sich allenthalben gleich dem Vater/ Aus solchen sprüchen / die keinem Engel noch menschen mögen zu geeigent werden/ mus ich gleuben das er

B iij warha=

warhafftiger Gott sey/gleich so hoch/mechtig/ ewig/allmechtig/als der Vater/ Denn was der Vater thuet/das thuet er auch/welche der Vater lebendig machet/die machet auch der Son leben dig/ Also wirds es ein werck beider person/die doch vnterscheiden sind/das doch nicht mehr kan sein/denn ein Göttliche gewalt/ein Göttlich natur vnd wesen/vnd der keines geteilet kan werden.

Das ist nu/sage ich/aber der Christen kunst die jnn keines menschen hertz gehet/sondern vom Heiligen geist mus dar ein geschrieben werden/ vnd wie ich gesagt habe/ wer sicher sein wil/ der mus die kluge vernunfft zuthun/ vnd zusehen das die klugheit der wellt solchs lache vnd spotte/vnd sie lasse reden/vnd sage/ wie klug sie sind/ so können sie hie noch nicht drey zelen jnn den sachen/ wirds auch nicht lernen/ bis an Jungsten tag/ Denn wir Christen haben teglich dran zu lernen/ das wir lernen drey zelen/vnd sagen/drey ist nicht drey/sondern eins/vnd doch drey.

Das heisst nu/Einiger Son/warer Gott so wol als der Vater/ vnter welchen beiden wir kein vnterscheid wissen zu machen/ on das der Vater ewiglich zeuget/ vnd der Son ewiglich gezeuget wird/ Vnd es haben sich wol die Theologi drüber zubrochen/das sie jglicher person/das jr zu eigent/aber endlich nichts mehr können machen/ vnd da bey müssen lassen bleiben/ das kein ander vnterscheid sey/ denn diese/ das die erste person heisset Vater/ die ander der Son/ das dieser sein ewig wesen hat/ vnd diesem gibt jnn ewigkeit/
Mehr

Mehr kan man nicht erdencken noch fassen/ vnd ob man viel nach speculirt/ so wird es nur finsterer vnd weniger verstendlich / Ich wolt auch wol scharff speculiren/ aber wenn ich mich solt zu tod dencken/ so kan ich doch nichts mehr treffen/ denn das ich da höre.

Darumb hat Gott also drüber gehalten/ das der Artikel allein durchs wort erhalten ist/ vnd so bestetigt/ das alle Teuffel vnd wellt/ ob sie jn wol redlich angefochten / dennoch haben müssen lassen stehen vnd bleiben / jnn der Christenheit/ Darumb wil ich auch hie bey bleiben vnd gleuben/ nicht wissen noch weiter nach dencken/ vnd wo ichs thun wil/ so fare ich gewislich jnn abgrund/ Denn ich habs auch wol versucht/ vnd wolt auch so gelert sein / das ich Gott durch den himel wolt boren/ vnd jnn sein kemerlin/ vnd ersehen was er drinn machet/ aber ich hab auch erfaren/ was ich gemacht habe/ Kurtz/ es heisst nicht mehr / denn die wort gesprochen die wir hie lernen / Ich gleube/ vnd wird nicht mehr draus/ wenn du ewiglich dich marterst mit gedancken/ machestu doch nicht mehr denn hertzleid/ vnd findest doch nichts/ denn es ist zu hoch vber alle creaturn/ synn vnd verstand/ Es heisst/ was er spricht/ das ist war/ das man scheide Göttliche vnd menschliche weisheit/ Nach Göttlicher weisheit ists war/ nach meiner ists nicht war/ wenn ich nu wil da widder klügeln/ so verlire ichs beides/ Denn er wil hie selbs vnd allein meister sein/ vnd vns schlecht zu schülern machen/ das wir schlecht ja da zu sagen/ on alles disputiren vnd klügeln. So

So haben wir das erste stück dieses Artikels von der Gottheit Christi/ welches zwinget vnd beweiset nicht allein das wort/ Einiger Son/ sondern auch das erste wort/ Ich gleube/ Denn zu wem ich sagen sol/ Ich gleube vnd setze mein vertrawen vnd des hertzen zuuersicht/ auff dich/ der mus mein Gott sein/ Sintemal das des menschen hertz auff nichts trawen noch bawen sol/ denn allein auff Gott/ vnd die Schrifft vberal straffet auff menschen trawen/ vnd zeiget das sie feilen vnd anlauffen sollen/ Denn alle menschen(spricht der hundert vnd setzehend Psalm)sind lügner/ das ist/ falsch/ die nicht können halten noch thun/ was man sich zu jn versihet/ vnd welche auff sie trawen/ müssen vntergehen/ Wie man wol sihet/ vnd auch die vernunfft solchs zeugt aus der erfarung/ Wie der hundert vnd sechs vnd vierzigste Psalm sagt/ Des menschen geist mus doch dauon/ vnd er mus widder zu erden werden/ als denn sind verloren alle seine anschlege. Weil nu ein mensch/ so ein vngewis leben hat/ das er keine stund desselben sicher ist/ so ists vnmüglich einen gewisen grund auff jn zusetzen vnd vertrawen/ Solchs leret die vernunfft selbs/ vnd die Schrifft bestetigts/ das Glaube odder trawen des hertzen keinem menschen widderfaren sol/ vnd niemand gehöret/ on dem Warhafftigen Gott/ weil er allein ewig vnd vnsterblich ist/ vnd da zu auch Allmechtig/ das er thun kan was er wil/ Darumb stehet der glaube auff im gewis vnd sicher/ das er jn nicht feilen noch fallen lesset/ so wenig als er selbs

fallen

fallen kan. So bezeugt nu hie mit ein iglicher Christ aber mal/ das Christus warer Gott sey/ denn er grundet vnd setzet sein vertrawen auff jn/ Sonst thete er vnrecht/ vnd were die höhiste Abgötterey/ Denn das ist der einigste höheste Gottesdienst/ trawen vnd gleuben/ gegen dem alle andere eusserliche dienst/ ein kinderspiel sind/ Vnd er foddert auch nicht mehr/ denn solch hertz das jn kan gleuben.

Folget nu das ander stuck auch
von der person Christi da wir jn nennen.

Jhesum Christum vnsern HERREN/ empfangen vom Heiligen geist/ geboren von der Jungfrawen Maria rc.

DA wird nu dieser Artikel viel nerrischer für der vernunfft/ das die wellt wil tol vnd töricht drüber werden/ sonderlich die Jüden/ das der selbige Son/ sey mit dem Vater vnd Heiligen geist einiger Gott/ vnd doch nicht der Vater noch Heiliger geist/ sondern allein die person/ Nemlich der Son/ empfangen vnd geboren sey von einem menschen rc. O das ist ein lecherlich ding/ das der einige Gott die hohe maiestet/ solt ein mensch sein/ Vnd kompt hie
C zusamen

zusamen/beide Creatur vnd Schepffer jnn eine person/ Da sperret sich die vernunfft mit allen krefften/das diese person sol zugleich ein mensch sein/von einem menschen geboren/rechter natürlicher geburt/wie ein weib geberen sol/warhafftig fleisch vnd blut/mit allen geliedern vnd allem natürlichem wesen (on die sunde) den ein mensch auff erden gebirt/seuget/windet vnd wartet/ als ein natürliche mutter/vnd lesset sich wiegen/tragen/etzen vnd trencken ꝛc/ aller dinge wie ein ander kindlin/Das wir da sollen solche narren werden/die vernunfft so gar blenden/vnd vns gefangen geben/das wir sagen/ Das eben dieser mensch/ der rechte warhafftige Gott/ vnd ausser jn kein Gott sey/Vnd wo das kindlin jnn der wigen odder der mutter an armen vnd brüsten ligt/da sey Gott wesentlich vnd persönlich.

Die sind vns erst genomen vnd geweret die klugen gedancken/da mit die vernunfft gen himel fladdert/ vnd Gott jnn der Maiestet suchet/ vnd forschet/wie er im himel regiere ꝛc/ vnd das ziel hie her gesteckt/das ich aus der gantzen welt lauffe/gen Bethlehem/jnn den stal vnd krippen/ da das kindlin ligt/ odder Maria jnn dem schos/ Das heisst die vernunfft doch gar gedempfft/ Denn das vorige stück ist vber alle mas hoch/das die vernunfft selbs möcht dencken/ Quae supra nos nihil ad nos/Was dir zu hoch ist/das lasse vngeforschet/ Vnd leichter daran verzweiuelt/ vnd sich gefangen gibt/ Aber hie kompt es herunter mir für die augen/das ich das kindlin sehe jnn der
mutter

mutter schos/das sich lesst handlen/seugen, heben vnd warten/ aller masse wie ein ander kind/ Vnd sol erst die vernunfft kempffen mit jr selbs / vnd widder alle synne/ Da ligt ein mensch/ der da geboren wird wie ein ander kind / vnd lebet wie ein ander kind/ vnd füret kein ander wesen/werck/geberde/denn ein ander mensch/ Das keinem menschen jmer mehr jnns hertz fallen künde/ das die creatur solt der Schepffer selbs sein/ Wo sind da die weisen/die das je hetten erdencken/ odder jnn synn nemen können? Las sie nu komen / vnd jre weisheit vnd hohen verstand rhümen/ von Gott vnd Göttlichen sachen/ Da mus ja alle vernunfft nidder ligen/ vnd jre blindheit bekennen/ das sie wil gen himel klettern/vnd Göttlich ding vnterstehet zu ermessen/vnd kan doch/das für augen ligt/ nicht gewar werden.

Darumb mus man sich hie/widder alle vernunfft vnd synne/allein an das wort hengen/von himel offenbaret/ DIS ist mein lieber Son rc/ Wie die Engel bey der geburt Christi den hirten verkündigten/ die sich leren liessen/ das niemand je verstanden hat noch verstehen kund/das da ein natürlicher mensch/warhafftig empfangen vnd geborn/ eben von dem blut vnd fleisch der Jungfrawen/ wie sonst da zu kompt wenn ein mensch empfangen wird (on das hie kein man nichts da zu gethan) vnd doch der rechte warhafftige Gott sey/ Da mus allein der Heilige geist meister vnd lerer sein/ Sonst wird nichts draus/ Denn hie fichtet die vernunfft mit jrer weisheit/
C ij   Wie kan

Wie kan Gott / mensch / odder der schepffer eine creatur sein? Wie solt sichs reimen / wenn ich wolt sagen? Die kachel ist der töpffer / die schuch sind der schuster / Wer wil das gleuben odder wo mit wil mans dazu bringen? Das müste mir ein seltzamer topff sein / der der meister selbs were / Wie kan sich der topff selbs machen? Er ist ja gemacht vom meister / nicht der meister von jm / Noch müssen wir hie so gleuben / das Got der schepffer vnd die creatur ein personlich wesen sey / Vnd so sagen / Wenn ich vnter menschen kunst kome / vnd sie drumb frage / so ists gewis / das der meister vnd sein werck nicht ein ding ist / das sehe ich für augen / das ichs nicht gleuben darff / Aber hie mus ich ein anders lernen / vnd mus also sagen / Das sehe ich wol / das da ligt ein mensch der geschaffen vnd von einem menschen geboren ist / vnd mus doch gewislich gleuben / das dis kind odder creatur / ist der meister odder schepffer selbs / Welchs ich nicht sehe noch verstehe / sondern allein höre.

Sprichstu nu / Ey das reimet sich ja nicht / Antwort / Ja freilich nicht / Das sage ich eben auch / das sichs nicht reimet nach der vernunfft / vnd jnn deinem kopff vnd menschen kunst / Es mus sich aber reimen im Glauben vnd nach Gottes wort / Denn da hörestu die lieben Engel singen / Sihe / es ist euch heute geborn der Heiland / welcher ist Christus der HERR rc. Das würden sie nicht sagen / wenn sie sich nicht für knechte vnd jn für jren HERREn erkenneten / Weil sie in denn einen HERrn heissen / so mus er höher denn sie sein /

ſie ſein/ Nemlich Gott ſelbs/ Denn vns menſchen heiſſen ſie nicht herrn/ Dieſem wort mus man folgen/ vnd ſchlechts da bey bleiben/ als das nicht von vns erdacht iſt/ ſondern von himel herab gefloſſen/ Vnd nicht begreiffen wollen/ wie ſichs jnn vnſerm kopff reime/ ſondern gleuben/ das war ſey/ vnd Gott die zwey vber vnſern verſtand zu ſamen reime/ das dieſer menſch/ als Gottes topffen der topffer ſelbs ſey/ jnn einem perſönlichen weſen/ vnd jnn ewigkeit nicht getrennet noch geſondert/ Wie er ſelbs ſpricht zu Philippo Johannis am vierzehenden Capitel/ Wer mich ſihet/ der ſihet auch den Vater/ Gleubeſtu nicht/ das ich im Vater vnd der Vater jnn mir iſt? Da mit hefftet er ſeine augen allein auff ſich/ vnd wil jn nirgend hin ſehen noch gaffen laſſen/ Wer aber an dem wort nicht hangen wil/ ſondern klügeln vnd rechnen/ wie ſichs zu ſamen reime/ das Gott vnd menſch eine perſon ſey/ der klügele jmer hin/ vnd ſehe was er drüber gewinnet/ Es ſind jr ſo viel drüber zu narren worden (die daran klügelt vnd gereimet haben) vnd noch gleich wol der Artikel blieben/ Wie wol der Teuffel/ ob er wol weis/ das war iſt/ noch kan ers nicht vnangefochten laſſen/ Wir aber wiſſens vnd verſtehens nicht/ vnd wollens doch lachen vnd ſpotten.

Darumb iſt kurtz die meinung/ Er wil es von vns vngemeiſtert vnd vngereimet/ ſondern gegleubet haben/ vnd die ehre haben/ das er hie allein weiſe ſey/ das wir vns nach ſeinem wort lencken ſollen/ Vnd auch nicht on vrſache/ Denn wir

sehen vnd bekennen selbs/vnd sind (Gott lob) so
grob nicht/das vns die klügler erst müsten leren/
wie der topff nicht der töpffer ist/ Vnd haben
eben so viel vernunfft/die da schleusst/Das eines
nicht drey/ vnd drey nicht eines ist/ mensch ist
nicht Gott/ vnd Schepffer ist nicht die creatur/
Vnd wenn sie vns viel leren/ so leren sie nicht
mehr/ denn das wir zuuor wissen/ vnd ja so wol
verstehen als sie/ Darumb sagen wir/ Ja es ist
war/wenn wir reden vom Töpffer vnd Schuster/
vnd den dingen/ da die vernunfft von vrteilen sol
vnd kan/ Aber das gilt nicht/ das mans wil hie
her zihen/ jnn die kunst/ die nicht aus vnserm
kopff wechset/ sondern Gottes wort ist/ von hi=
mel herab offenbaret/Sondern es heisset schlecht
dein hütlin abzihen vnd ja da zu sagen/ vnd war
lassen sein/als das nicht aus deinem verstand ko=
men ist/ Vnd must hie kürtz nicht wollen wissen
noch verstehen/ sondern dich für einen narren hal
ten/ mit deiner grossen kunst jnn deinem kopff/
das drey nicht eines / vnd das töpffen
nicht der Töpffer ist/ denn wir sind
itzt jnn einer andern Hohen schu
le/darinn man lernet/ nicht
was ich odder mensch=
en wissen vnd ver=
stehen / son=
dern
was Gott
selbs sagt vnd leret.

            Das

Das Ander teil.

BIs her haben wir gehöret/ wer die person sey/ an welche wir gleuben vnd vertrawen/ Nemlich/ beide warhafftiger Gott vnd mensch/ Welchs ich gesagt habe/ das nicht von menschen erdacht/ sondern vom himel gegeben/ darumb auch nicht begreifflich ist mit der vernunfft sondern mus durch festen glauben gefasset vnd gehalten werden/ sonst bleibt es vngefasset vnd vngehalten/ Also/ das man hie weit von einander scheide/ vernunfft vnd was menschliche weisheit vns leren kan/ vnd was Gottliche weisheit von h.mel offenbart. Nu bekennen wir weiter/ was die selbige person für werck gethan/ odder was jr ampt ist/ darumb wir an jn gleuben/ vnd lernen was wir von jm haben/ Nemlich/ das wir sagen.

Vnsern HERREN/ empfangen vom Heiligen geist/ geboren von der Jungfrawen/ gelidden/ gecreutzigt/ gestorben/ begraben/ Vnd am dritten tage widder aufferstanden rc.

Das sind

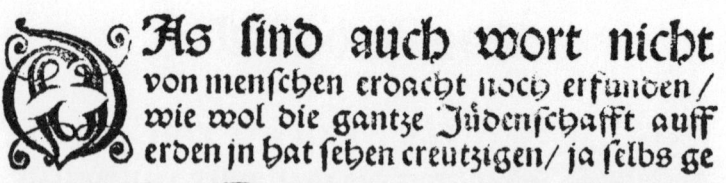

꩜As sind auch wort nicht von menschen erdacht noch erfunden/ wie wol die gantze Jüdenschafft auff erden jn hat sehen creutzigen/ ja selbs gecreutzigt hat/ Das man solt dencken/ sie hettens wol erkand vnd verstanden/ Noch ist es ein verborgen ding/ das kein mensch je erkennen kund/ was der mensch/ der da am crentz hieng/ für eine person sey/ noch warumb er gecreutzigt sey. Denn das ist nicht ein menschliche kunst zugleuben/ das solche person vmb meinent willen geborn/ gecreutzigt/ gestorben sey rc. Das ist noch wol zu thun/ das man die histori lerne vnd glenbe/ wie sonst ein geschicht odder ander historia/ das man da von wisse zu reden (wie die Bepstischen vnd falsche Christen auch können) Aber wenns da zu kompt/ das das hertz sol sprechen/ Jch gleube vnd trawe an den HERRN Christum/ geborn/ gelidden/ gestorben vnd aufferstanden vmb meinent willen/ ja vmb der wellt vnd aller sunder willen/ das ist ein erkentnis/ das der Heilige geist auch allein mus geben/ Denn das kan kein menschen hertz erdencken/ das er solchs alles vmb meinen willen gethan habe/ Denn wo ich das sol gleuben/ das er dis alles für vns menschen gethan habe/ das es mir vnd dir gellte/ so mus ich flugs auch bekennen/ Das mit mir vnd allem was ich vermag/ verloren ist.

Da stösset sichs nu/ vnd gehet der zang vnd alle ketzerey an/ Denn das kan die wellt nicht leiden/ das den / das man sol sagen vnd gleuben / das alle jr ding nichts vnd verloren sey / Was thuen sie itzt alle anders / vnser feinde / denn das sie diesen Artikel anfechten? Vnd sind doch jnn dem mit vns gut eins / das Christus von der Jungfrawen geboren / gecreutzigt / gestorben / aufferstanden ist / Vnd sprechen den Glauben mit vns mit dem munde / Aber im hertzen verleugnen sie es / vnd halten das widder spiel / Denn sie sagen / Der mensch sey nicht so gar verloren / sondern habe einen freyen willen / könne so viel thun vnd verdienen das jn Gott gnedig sey / vnd wer da widder sagt vnd predigt / der mus ein ketzer vnd verdampt sein.

Darumb ist das der Artikel / daran die gantze wellt sich stösset / Vnd sind gar wenig leute / die es recht leren / vnd noch viel weniger / die es recht von hertzen gleuben / Ja auch die selbigen mit zuschaffen haben / widder jr eigen hertz / Denn es bleibt jmer im hertzen / das wir nicht wollen gar nichts sein / noch Christus allein alles sol gethan haben / sondern wollen stets die hand mit im sode haben / so viel thun vnd Gott dienen / das Gott müsse vns ansehen / vnd vmb des willen die sunde vergeben vnd gnedig sein / Vnd sol doch vnd kan nicht sein / denn da mit gehet der glaube vnd der gantze Christus zu boden / Denn sol Christus allein gelten / vnd ich sol solchs bekennen / so mus ich die zunge rein schaben vnd sprechen / So es Christus thut / so mus ichs nicht thun / Denn die zwey leiden sich nicht mit einander / im hertzen / das ich auff beide mein vertrawen set,e / Sondern
D   eines

eines mus heraus / entwedder Christus / odder mein eigen thun / Das ist klar vñ wolzuuerstehen / noch findet ein iglicher bey jm selbs / das er des vnflats nicht kan los werden / Jene verfolgens / vnd morden die Christen darumb / Jch aber / der ichs nicht verfolge / sondern predige vnd bekenne / noch kan ichs nicht so rein jnns hertz bringen / als ich wol solt vnd gerne wolt / Denn ob ichs wol gleube / so fallen doch jmer mit zu die süssen gedancken / die mich kutzeln im hertzen / Ey du hast dennoch so viel gethan / gebettet / gefastet / gepredigt / den leuten gedienet vnd geholffen / vnd wil jmer der vnflat mit im hertzen sitzen / da Christus sitzen sol / vnd seinen stuel beschmeissen / Also das kein mensch auff erden diesen Artikel gnug kan fassen / Vnd Sanct Paulus selbs spricht zun Philippern am dritten Capitel / Jch thar mich nicht rhumen / das ichs ergriffen habe / aber ich strecke mich darnach aus / vnd jage nach dem fürgesteckten zil 2c. Da bennet er selbs / das ers nicht so volkomen erlanget habe / als er gerne wolt / Vnd zun Römern am siebeden spricht er / Jch habe lust an Gottes Gesetz / nach dem jnnwendigen menschen / Jch sehe aber ein ander gesetz jnn meinen geliedern / das da widderstrebet dem gesetz jnn meinem gemüte 2c / Das ist / ich wolt wol gerne so gleuben vnd thun / aber der alte schlam henget mir so schweer an / vnd dehnet mich jmer widder herunter / das ich auch auff mich selbs bawen vnd trawen wil / widder diesen Artikel / da von ich kündte rhumen / das habe ich gethan / Wie wol es fein vnd gut ist /

wenn

wenn mans gethan hat/ Aber das man wil ein vertrawen draus machen/ vnd darauff bawen/ das ist ein schendlich ding/ aber so gifftig vnd heimlich/ das alle Heiligen drüber geklagt haben/ vnd doch die Christen teglich wol fülen.

Das ist eben die vrsach/ warumb auch die lieben Aposteln/ diesen Artikel so getrieben vnd geblewet haben/ Denn sie haben gewust vnd erfaren/ das er nimer aus zulernen ist/ sondern wir müssen schuler darinn bleiben/ vnd vns von tage zu tag da mit blewen/ das wir doch etwas (wo nicht volkomen) dauon erlangen/ Denn so die hohen leute die Apostel selbs/ so teglich da mit vmb gangen sind/ haben mit jn selbs müssen kempffen/ das sie den Artikel erhielten/ Was wird denn den fladder geistern geschehen? die da hin faren jnns Schlauraffen land/ vnd wenn sie es ein mal oder zwey gehöret haben/ meinen/ sie könnens aller ding wol/ Vñ werden so sicher vñ vnachtsam/ das sie zu letzt gar dauon komen/ ehe sie sichs versehen Denn sie lassen dem fleisch wol den zawm vnd geben jm raum gnug/ ob sie wol sich lassen düncken/ sie habens gewis ergriffen/ Aber ich sorge/ sie haben noch nie den rechten schmack dauon empfangen/ Hörestu doch/ das die Apostel so Christum gehöret/ so viel da von geprediget vñ teglich getrieben noch nicht aus gelernet haben/ noch sich für meister dürffen ausgeben/ Vñ du meinest/ du habests in einer stund so wol gefasset/ das du es gar könnest O der elenden kunst/ wie wird sie dir ein mal zerinnen/ vñ so gar klein werden/ wenn dich der teuffel

D ij   recht

recht angreiffen wird/ vnd für die nasen stellen/ (wie er mir vnd andern meisterlich thuen kan) was du gethan vnd nicht gethan hast/ vnd den Christum aus den augen reissen/das du nicht wissest/wo er bleibt/ noch ein mal an diesen Artikel gedenckest/ich schweige/ das du jn soltest ergreiffen/vnd den Teuffel da mit zu ruck schlahen/ Ja er sol dir wol eben den Christum zum Richter vnd Tyrannen machen/der dich jage vnd treibe/ das du keinen trost zu jm könnest haben/ sondern für jm erschreckest vnd zitterst/ wie ein laub/ vnd lauffest wie für dem Teuffel/ Denn er kan einen menschen so blenden / vnd solche gedancken so starck jnns hertz treiben/ das er nicht anders kan ansehen/denn was er gethan odder gelassen hat/es sey gut odder böse/ Wenn er dich nu jnn den winckel bracht hat/ so hat er dich gefangen/das du keinen Christum sehen / vnd nirgend bleiben/ noch dich eraus wircken/kanst/ Denn er kan dir auch die aller besten werck zu schanden vnd sunden machen/ das du da für erschrecken müssest.

Das were aber nu die kunst/das man lernete weit scheiden vnd von einander werffen / vnser weisheit/vernunfft/werck vnd vermügen/ Vnd diesen Artikel von Christus wercken vnd ampt/ Vnd so schliessen/Es heisst nicht/ Ich gleube an meine werck/ ob sie gleich gut vnd köstlich sind/ vnd gerne wil thun vnd leiden alles was Gott haben wil/Aber las sie hie vnten bleiben bey menschlicher weisheit vnd leben / das sie nicht jnn meinem glauben vnd zuuersicht des hertzens komen/
Denn

Denn da hab ich einen höhern schatz im himel / Nemlich / Jhesum Christum / Da hange ich an / vnd halte mich an seine werck / gerechtigkeit / heiligkeit vnd weisheit / Vnd wil kurtz nichts wissen von meinen noch einiges menschen wercken / wenn es gleubens gilt / sondern ich gleube allein an Jhesum Christum / Denn wedder ich noch kein mensch für mich gelidden noch gestorben ist.

Da kömet ein ander gesicht / vnd thuet andere augen auff / das man gewar wird / wie es alles verloren ist / mit alle vnserm thun / vnd allein den man müssen haben / darauff wir trawen für Gott zubestehen / gnade vnd vergebung der sund zu haben ꝛc. Das können vnser Papisten vnd andere Rotten nicht / noch alle die vnter vns sich lassen meister düncken / ja auch wir selbs nicht / die wirs doch können solten vnd gerne wolten / Vnd ist ja eine schendliche plage / das sie es nur zu wol können / vnd so frü doctores vnd meister werden / auff dieser seiten / Es sey denn / das sie anders sehen / vnd sie anders angehe denn mich / Denn ich füle ja (wie Sanct Paulus selbs gefület hat vnd klagt) das ichs nicht fassen kan / wie ich gerne wolt / vnd doch so wol da von reden kan / vnd mehr getrieben vnd geübt habe / denn sie alle / noch sind sie so sicher / das sie meinen / sie seyen meister vber meister / Aber wenn mans beim liecht besihet / so sinds doch nicht anders denn solche leute die nichts mehr wissen / wenn sie auffs klügste sind / denn von vnserm menschlichen wesen vnd thun / Wie ich an vielen gemerckt habe (die man

D iij   itzt für

itzt für die gelerteſten achtet) die jnn alle jren büchern / nichts höhers treiben / denn wie ein menſch leben vnd thun ſolle.

Das iſt / ſage ich / ja noch lang keine Chriſten kunſt / wenn man dauon ſagt / was man thun odder laſſen ſol / odder was gut vnd böſe iſt / Sondern das iſts / das man wiſſe / was Chriſtus iſt vnd thut / Denn jenes gehöret alles jnn einen andern kreis odder cirkel / welcher heiſſt / menſchliche weisheit vnd gerechtigkeit / vnd nur jnn dieſes leben / Wenn wir darin ſind / ſo wollen wir zu thun vnd laſſen gnug finden / vnd die Juriſten zu hülff nemen / Aber jnn dieſem kreis / da wir Chriſten hin gehören / vnd jnn die ſchule / da wir Chriſtum lernen / wollen wir gar nichts diſputirn von vns / was wir gethan vnd nicht gethan / odder noch thun vnd laſſen ſollen / Sondern war auff vnſer glaube ſtehen ſol / Vnd gar auſſer vns allein jnn dieſen Artikel tretten / vnd lernen / was der Man für vns gethan habe / Das wollen wir nu nacheinander ſehen.

Denn dieſe Wort ſind wol vnd ordentlich gefaſſet / vnd ſchier als ein Calender / durchs gantze jar / darinn wir alle Feſt des HERRn Chriſti begehen / vnd heben an / an der Wygenachten / da wir das kindlin wigen / vnd ſpielen mit vnſerm lieben HERRN jnn der mutter ſchos / Darnach komen wir jnn die Marterwochen / da wir die Paſſion begehen vnd bedencken / Vnd weiter jnn das Oſterfeſt / Himelfart vnd Pfingſten ꝛc. So das alle vnſer Feſt jnn dem kurtzen Artikel ſind gefaſſet /

fasset/Wie wol es auch recht ist/ vnd not für den pobel/das man sie auch eusserlich hallte auff sonderliche tage im jar/dazu geordnet/ das man diese stück alle nach einander treibe vnd blewe jnn der predigt/das man sie nicht vergesse/Sonst können die Christen hie auff einen tag alle fest halten vnd feiren/jnn jrem teglichen gebet/ Denn es ist alles darumb so gestellet/ vnd an vns bracht/ das die lieben Apostel wol gemerckt haben/ wie trefflich schweer dieser Artikel eingehet vnd erhalten wird.

Vnd ob wol diese wort/daran sich der glaube halten mus/ FVR VNS/geborn/gelidden ⁊c. nicht ausgedrückt da stehen/ so mus mans doch aus andern hernach nemen/ vnd durch alle diese stück zihen/ Denn jnn dem dritten Artikel/ da wir sagen/ Jch gleube die vergebung der sunden/ Glosiert er sich selbs/ da er die vrsach vnd nutz dieses stücks setzet/ warumb er geboren/ gelidden vnd alles gethan habe/ Vnd rürets zwar auch hie im text/da wir sprechen/VNSERN HERRN/ da mit wir bekennen/ das alles was der man ist vnd thuet/vns geschehen ist/ als der darumb geboren/gelidden/gestorben/aufferstanden ist/das er VNSER HERR sey/Denn das wort HERR/ lautet hie aus der massen freundlich/ vnd ist ein lieblich/ tröstlich/ wort/ Nemlich/ das wir einen solchen man an jm haben/ der vns kan helffen vnd retten (durch vergebung der sunde vnd aufferstehung von den todten/ wie der Glaube beschleusst) jnn allen nöten
vnd wid

vnd widder alle feinde / Denn er hat nicht dar=
umb solchs alles gethan / vnd so viel an vns ge=
wand / vns zu erlösen / das er wolle ein solcher
Herr sein / der mit vns vmb gehe wie ein Tyrann /
der die leut zwinget / plaget vnd schrecket / sondern
das wir eine freundliche / helffende / herschafft het
ten / darunter wir mögen sicher vnd frey sein / für
aller gewalt vnd drengnis.

Denn was ist ein Herr anders / auch jnn der
wellt / wenn er seines ampts recht brauchet / denn
ein helffende gewalt seiner vnterthanen / der den
bösen weret vnd straffet / vnd die fromen schützet /
fride vnd alles guts schaffet / Widder die bösen
mag er ein Tyrann heissen / die nicht wollen ge=
horsam sein / noch jn für jren herrn erkennen / Aber
eigentlich ist er ein herr vmb der fromen willen /
das er den selben helffe / vnd sie rette vnd handha=
be / Das es eitel gute freundliche werck sind / die
aus der herschafft fliessen / vnd ein süsser freund=
licher name / Weil es nu jnn der wellt so köstlich
ding ist / wo ein land einen Herren hat / vnd auch
haben mus / wo regiment vnd fride bleiben sol /
Wie viel mehr mus es hie süsse vnd tröstlich sein /
da viel ein besser Reich vnd eitel himelisch regi=
ment ist / Nemlich / eitel vergebung der sunden /
vnd solche herrschafft die vns fride schaffet vnd
schützet für dem Teuffel vnd alle seinem anhang /
erlöset vom tod vnd allem vbel / Vnd nicht allein
das / sondern auch eraus aus der erden wird rei=
ssen / vnd schöner vnd herrlicher machen / denn
Son vnd alle Creaturn / da wir zu seiner ewigen
herrligkeit komen werden.   Sihe /

Sihe/da her heisset er nu mein HERR/ weil ich hie teglich sitze jnn fahr des todes/vnd jnn des Teuffels rachen/vnd mus jm feilhalten/ das er mich zu plagt mit allem vnglück/ vnd endlich ermordet. Item/ich stecke teglich jnn sunden/ vnter bösen leuten vnd Rotten geisten/ vnd da zu mein eigen gewissen mich schrecket vnd blöde machet ꝛc/das ich nimer keinen fride habe/ Vnd wo es jnn des Teuffels macht stunde/ vnd wir keinen HERrn hetten/ der jm zu mechtig were/ solt er bald ein ende mit vns machen/ Widder diese grosse gewalt des Teuffels mit allen seinen Engeln/vnd der welt mit aller jrer macht vnd krafft/ ist vns not/ das wir einen HERRn haben/ der auch starck vnd mechtig sey/ Das ist nu Dieser Jhesus Christus/Welchen ich hie im glauben bekenne/vnd auch mit der that füle vnd erfare/ das seine gewalt nicht aus ist noch ein ende hat/ sondern dem Teuffel mans gnug ist/ Ob er wol die Christenheit hat angegriffen vnd geplagt von anfang der wellt/ vnd noch teglich/ noch hat er sie müssen stehen lassen/Vnd doch wol so zornig ist/ das/ wo er kund/ liesse er keinen Tauffe stein jnn der Christenheit bleiben/ Wie er jnn der Türckey hat zu wegen bracht/ da er keine Tauffe/ kein Euangelion/kein Sacrament/kein predig stul/keinen Christum hat bleiben lassen/ Vnd gerne die gantze Christenheit auch so verstöret vnd verwüstete/Denn so feind ist er jr/das er nicht kan rugen bis ers alles rein ausrottet/vnd würde es auch nicht lassen/wo wir nicht diesen HErrn hetten/der
E   jm we-

jm weret vnd stewret / Darumb greiffet er vns so an / beide mit gewalt durch Tyrannen / vnd mit list durch Rotten vnd falsche lere / versuchet alle kunst vnd wege / das er vns von Christo bringe.

Nu weren wir viel zuschwach jm zu widderstehen / odder vns zu weren / widder sein gewalt odder dücke / vnd künden nicht eine tröstliche gedancken von Christo behalten / die er nicht köndte aus blasen / viel leichter denn der wind ein liechtlin ausbleset / vnd eitel Teuffelische gedancken jnns hertz setzen / Das aber noch die Tauffe / Kirche / Predig ampt / vnd rechter verstand von Christo etwo bleibet / das ist nicht menschliche krafft vnd vermügen / sondern ist lauter gewalt dieses vnsers HERRN / die kein Keiser / kein König auff erden vermöcht / sondern er durch seine Allmechtige Göttliche krafft selbs thun mus / Vnd hie bey sehen wir aber mal / das solcher HERR / nicht ein lauter mensch / sondern selbs Gott ist / vnd wie jn die Schrifft nennet / ein HERR Zebaoth / das ist / Ein Kriegs HErr / vber alle Herrn / der mit seinem volck gerüstet zu felde ligt / Nemlich / mit seinem lieben Engeln vnd allen Christen / die jn predigen vnd bekennen / Denn da mit streitet vnd siegt er / vnd erhelt sein Reich / das man an jn gleubt / sein wort predigt vnd treibt / vnd sich sein tröstet / vnd das gute gedancken vnd gut leben / vnd aller dinge ein hertz vnd mut vnter den Christen bleibet / Das sind alles eitel Triumph vnd sieg vnsers lieben HERRN Christi.

Sihe /

Sihe/also sol man jn lernen kennen/ Das er ein solcher HERR sey/ der vns hilfft/ schützt vnd rettet/ so lang wir leben/nicht allein jnn aller ley eusserlicher fahr vnd not / sondern widder die pforten der Helle/vnd den leidigen Teuffel/ Welcher mit seiner weisheit vnd gewalt/ den glauben angreifft/durch seine böse vergiffte pfeile/ das ist böse gifftige gedancken/ da zu durch schendliche böse meuler/ die anders predigen vnd ander gedancken vnd glauben wollen machen denn an jn allein / Das wir wissen/ das nicht vnser krafft vnd vermügen ist/da bey zu bleiben/ sondern seine gewalt/da durch er zur rechten des Vaters sich gesetzt hat / das er da sitze vnd regire jnn vnserm hertzen/ vnd vns da bey erhalte/ weil wir hie leben/ Darumb ist er ja ein tröstlicher/ freundlicher/lieblicher HERR/ als wir jmer mehr wündschen solten.

Darumb sollen wir klug sein / das wir vns solch erkentnis nicht lassen nemen noch verkeren/ noch jn anders lassen malen vnd furbilden/als einen schrecklichen richter/ wie man bisher vns für geblewet hat/da man die liebe Mutter Maria an seine stat gesetzt/ vnd als eine Mittlerin angerufft zwisschen jm vnd vns / Vnd den Heiland nicht anders angesehen/denn als der droben sitze/ vnd vns examinire odder vrteile nach vnserm leben ꝛc. Das heisset ein falschen Christum gepredigt/ vnd nicht gegleubet / wie dieser Artikel leret/ das er Vnser HERR sey/ Denn ob er wol ein Richter sein wird/ so sol ers doch auch mir zu

E ij   trost vnd

trost vnd heil sein / also das er mich schütze widder meine feinde/vnd die verdamme die nicht gleuben wollen/noch jn für jren HERRn halten/Also/das man kurtz vmb allen zorn/ vrteil vnd straffe wegwerffe von vns/auff seine feinde/den Teuffel vnd alle seine pfeil/vnd widder dein eigen böse gedancken von Christo. Item/widder die Türcken/Vngleubigen vnd Rotten/Dir aber ist er ein HERr/dir zu gut geboren/gemartert/gecreutzigt gestorben vnd aufferstanden/der dir alle sunde vergibt/ vnd machet/ das du nicht jnn sunde fallest noch darinn verzagest/vnd dar nach endlich rein eraus helffen/vnd alle feinde jnn abgrund der helle stossen wird / Darumb darffestu dich ja nicht fürchten/ sondern solt dich sein frewen vnd trösten auffs aller höhest / Richter mus er sein / das ist war/Denn wo ers nicht were / so würden wir nimer mehr errettet / Solt er den Teuffel lassen wallten vnd machen wie er wolt/vnd die bösen gedancken jnn meinem hertzen obligen lassen / die Rotten auch lassen fort faren / so were ich ewiglich verloren/ Sol er mich nu schützen/ so mus er auch richten vnd verdammen / nicht mich / sondern meine feinde/ das ist / eben den Teuffel/ der mir seine böse pfeile jnns hertz scheusst.

Jsts doch auch jnn der wellt also / das ein iglicher Herr jnn seinem hause mus diese beide ampt fören/ den fromen helffen / aber zu weilen auch drein schlahen / vnter die so den fromen vnruge machen odder leid thun/ Seinen kindern vnd gesind sol er helffen vnd eitel guts thun / Solt er
aber

aber das leiden / das ein böser bube odder nach=
bar wolt jnn seinem haus/weib/ kind vnd gesind
auffs maul schlahen odder mit füssen tretten/vnd
aus dem haus jagen/ Das were nicht ein herr /
sondern ein schendlicher man zu heissen / Denn /
Es mus ja ein kind odder knecht im hause / der
trotz vnd trost haben zu seinem herren/ das er wis=
se/das er jm nicht wolle lassen gewallt geschehen
vnd sich auff jn beruffen dürffe / wenn jm jemand
wil leid odder vnrecht thun / Also wird denn der
Derr ein Richter / nicht vber die seinen / sondern
vber böse buben/die da wollen vnglück haben. Al
so mus auch ein Fürst bey seinen vnterthanen ein
friedlich hertz vnd sie zuuersicht gegen jm haben/
das sie jn können vnd dürffen für einen Derrn an
ruffen/vnd sich gewislich versehen/das er jn hel=
ffen/vnd den bösen steuren/wolle/Da her heissen
sie jn einen herren / nicht das er sie tod schlahen/
odder mit der keulen für den kopff schlahen wolle
Sondern das sie sich auff jn verlassen dürffen (so
viel auff die wellt vnd zeitlich regiment zu bawen
ist)das er jn helffen werde/widder jedermans ge=
wallt vnd freuel.

 Also wird dieser name aller dinge lieblich
vnd tröstlich/das DERR sey ein solch ding/ der
den seinen ein tröstlich hertz gibt / vnd kein leid
thut/sondern eitel hülffe vnd liebe erzeigt/on wid
der die mörder/buben vnd schelcke/die nicht frie=
de haben wollen / mus er ein Richter sein / nicht
vmb deinen willen / der du leidest / sondern vmb
jener willen/das sie gestraffet/vnd du errettet wer
   E iij   dest/Al=

deſt/ Alſo ſol man auch dieſen Vnſern HERRn Chriſtum anſehen vnd jnns hertz bilden/ das wir an jm haben einen ſolchen man/ der vns on vnterlas ſchützet vnd weret/ dem Teuffel vnd allem böſen/ widder die ſchendliche lere des Bapſts/ die jn auffs aller ſchrecklichſte haben für gebildet / als einen Tyrannen/ der mit der keulen hinter vns ſtunde/ vnd vber den kopff ſchlahen wolte/ Alſo faſſe jn/ ſo haſtu jn recht gefaſſet/ Das man ja wol ſcheide/ die werck/ ſo er thut gegen den Teuffel vnd vnſer feinde/ vnd gegen vns/ Nemlich/ wie geſagt/ Weil wir hie ſind auff erden vnter dem Teuffel vnd ſunden/ die vns drücken/ vnter betrübten/ erſchrocken hertzen vnd gedancken/ vnter böſen Tyrannen vnd Rotten geiſtern/ die vns leid thun/ (wie ſie auch wol köndten) vnd gerne wolten da hin bringen/ das niemand kein fünckſin von Chriſto/ vnd Gottes wort behielte vnd gleubte/ Wo er nicht ſeine hand aus ſtreckete/ vnd dem allen ſteurete/ Denn darumb ſitzet er da/ das er mich on vnterlas ſchütze vnd verteidinge/ wie er auch teglich thut/ das wirs ſehen vnd fülen/ Da zu iſt er menſch worden/ gelidden/ aufferſtanden ꝛc. Das man nur jn lerne ſo einbilden/ das er vns zu gut/ hülff vnd troſt ein HERR iſt/ das wir ja nicht für jm erſchrecken/ als wolle er vns verdammen/ Denn er hat geſagt/ Wer an den Son gleubt der wird nicht gerichtet/ Da mit ſchleuſſt er aus/ ſein ampt/ von des Teuffels odder eines Tyrannen ampt/ das wer an jn gleubet/ als ſeinen HErren/ darff ſich für keinem gericht fürchten/ vnd
gilt jm

gilt jm kein gericht noch vngnade/ sondern dem
Teuffel vnd den seinen/ Denn wo er nicht gerich-
tet wird/ so wird er auch nicht gestraffet/ Wird er
aber nicht gestraffet/ so mus er keine sunde haben
hat er keine sund/ so mus er auch keinen tod ha-
ben/ Also folget es alles auff einander/ das ein
Christen/ keinen Richter/ keine straffe/ keine sun-
de/ kein tod/ sondern das ewige leben vnd alles
guts hat/ Das ist das ende/ da zu er vnser HERr
ist/ das er vns aus des Teuffels gewalt/ tod/ vnd
aller not helffe/ vnd itzt schütze/ für allem das vns
jnn vnglück bringen wil/ Das wil dis stück/ das
er heisset/ VNser HERR/ das die folgende stück
alle vns gelten/ Darumb gewehne dich da zu/ die
wort also anzusehen/ das du jmer das wort/ Vn-
ser/ hindurch zihest/ durch alle stück des glaubens
das alles Wir gillt (der ich an Christum gleube)
vnd Mein wird/ widder meine sund vnd böse ge-
wissen/ auff das wir jmer je mehr vnd mehr ler-
nen/ was wir an dem HERRN haben rc.

 Das ist nu jnn der Summa gesagt/ was vns
Christus nützet/ Nu wollen wir der stück etliche
sehen/ wo durch er solchs zu wegen bracht hat/
Nemlich jnn diesen worten.

Der Empfangen ist vom Heiligen geist/ geborn von Maria der Jungfrawen/ gelidden vnter Pontio Pilato/ gecreutziget/ gestorben vnd begraben rc.

Da wird

DA wird er ja klerlich aus ge͛
malet mit allem thun / das er auff erden
aus gericht hat / Vnd ist ordentlich nach
einander beschrieben / wie er gangen ist
durch vnser gantzes leben / vnd des gantz
en menschlichen geschlechts / von der geburt an /
bis jnn den tod ꝛc . Aber einen sonderlichen gang
troffen hat / der besser ist denn vnser / vnd durch sei
nen heiligen / reinen gang / vnsern schendlichen /
sundlichen gang geheiliget / Vnd hat doch solch͛
en gang eben an dem ort angefangen / da wir jn al
le anfahen / Nemlich / an der empfengnis / aber
doch vnterschiedlich / Denn wir alle / vnd ein jg͛
liche frucht von Adam / komen da her / das die
mutter schwanger wird / Das ist vnser aller an͛
kunfft vnd anfang / vnd kan niemand anders zu
diesen leben komen / denn auff diese weise / on vn͛
sern ersten vater Adam / welcher aus dem staub od
der erden / vnd Deua aus seiner seitten / gemacht
ist / Aber nach jnen heissets alles Empfangen / od
der jnn mutter leib getragen .

Auff das vns nu Christus aller ding gleich
würde / vnd der selben natur / hat er auch eben an
dem stück wollen das leben an fahen / das er auch
empfangen würde jnn mutter leibe / Vnd gehet
doch hie viel anders zu / Denn also leret vns vnser
weisheit odder glaube / Das er Empfangen sey
von dem Heiligen geist / Da gehet nu abermal die
torheit vnd ergernis an / Denn das erste (das er
Empfangen vnd mensch worden sey) kündte man
zu gut͛

zu guter masse verstehen/ Denn wir sehens fur au=
gen/ das Gott das menschlich geschlecht so ge=
segnet hat/ das es sich mehren sol. Aber das ist ein
nerrische predigt vnd grosse torheit/ das wir von
einem predigen vnd gleuben/ der da Empfangen
vnd von der mutter getragen sey/ wie ein ander
kind/ vnd doch allein von der mutter/ on menlich
zu thun/ allein durch den Heiligen geist/ Also/
das die mutter sey eine reine/ vnuerrückte/ Jung=
fraw bliben/ vnd doch eine rechte naturliche mut
ter worden vnd einen naturlichen Son Empfan=
gen/ aus jrem fleisch vnd blut/ Das ist erst den Ju
den vnd der klugen welt lecherlich vnd vnleidlich
zuhören/ Denn wenn die kluglerin die vernunfft
drein fellt/ die kan fein da her messen vnd rechen/
vnd alle ding vberschlagen/ Es gehe nicht recht
zu/ Es reime sich nicht/ vnd sey vnmuglich/ zu
gleich mutter vnd Jungfraw sein.

Da widder müssen wir nu aber mal vnser
buch odder Bibel erfür ziehen/ welche nu funfftze=
hen hundert jar gewehrt vnd blieben ist/ vnd bis
an den Jungsten tag bleiben wird/ ob sie wol an=
gefochten ist/ beide von den ketzern/ vnd auch wol
jnn vnserm hertzen vom Teuffel/ welcher kan
die kunst/ das kein Artikel des glaubens so gering
ist/ dem er nicht könne einen stos geben/ wenn er
mit dem menschen zu masse vnd zu werck kompt/
Darumb mus dieser Artikel noch jmer dar/ wie
bis her im kampff stehen/ Vnd doch den sieg be=
halten/ bey den gleubigen/ widder alle weisheit
der wellt vnd Teuffels/ Darumb bleiben wir bey
                                      F   dem

dem wort vnd glauben/widder alle solch anfech=
ten vnd klügeln/ Wie es aber zu gangen sey/ wol=
len vnd sollen wir nicht forschen / Vnd wenn wir
lang dar nach dencken/ können wirs doch nicht
treffen noch begreiffen/Vnd was wollen wir vns
vnterstehen/solche hohe Göttliche werck zu ermes
sen? können wir doch nicht mit gedancken erlan=
gen noch treffen/ wie es zu gehet/wenn ein bawm
odder frucht/odder halm aus der erden wechst?
Darumb lasse die klüger solches abe cirkeln vnd
messen/ Wir aber wollen jnn der einfalt des glau=
bens bleiben/wie vns die Schrifft leret/ das dis
kind Empfangen vom Heiligen geist/ vnd von
der Jungfrawen geborn sey/ein rechter natürlich=
er mensch von fleisch vnd blut/mit allen gliedmas
sen/krefften vnd synnen der seelen/ so ich vnd du
vnd ein iglicher mensch von Adam hat/ Wie ers
aber worden sey/vnd wie es der Heilige geist ge=
macht habe/das hat er mir nicht gesagt noch ge=
zeigt/Darumb las ichs jm befohlen sein/vnd blei
be schlecht bey dem wort/ das er gesagt vnd ge=
schrieben hat.

Denn so spricht die Schrifft zu Dauid/ im
hunderten vnd zween vnd dreissigsten Psalm/
Der HERr hat Dauid einen waren eid geschwo
ren/ da von wird er sich nicht wenden / Ich wil
dir auff deinen stuel setzen die frucht deines leibs
Da nennet er Christum mit klaren worten seines
leibs frucht/ das ist/ sein natürlich kind/ odder
wie wirs nennen/ sein fleisch vnd blut/als man
pflegt zu reden von einem der sein kind hasset/ Er
achtet

achtet seines eigen fleisch vnd bluts nicht / Also zenget die Schrifft gewaltig / das der Christus Dauids blut vnd fleisch sey / odder rechter natürlicher Son / Denn leibs frucht kan nichts anders heissen / denn ein natürlich kind / jnn mutter leib empfangen vnd getragen / Darumb mus er / als ein warhafftiger / natürlicher mensch / alles gehabt haben / was zu einem menschen gehöret / wie sein Vater Dauid / on das kein menliche krafft noch hülffe da zu komen ist / sondern allein der Heilig geist gewirckt hat jnn der Jungfrawen leib / Vnd doch die mutter gewest von rechtem stam vnd geblüt Dauid / seines samens odder fleisch vnd bluts / Von der selben Jungfrawen fleisch vnd blut / nimpt der Heilige geist vnd machet das kind / das er auch desselben stams oder fleisch vnd bluts ist.

Sihe / das ist vnser kunst / die wir hie lernen sollen / nicht jnn Schulen noch von menschen / sondern von oben herab / durch den Heiligen geist / Welcher ist hierin der rechte einige Schulmeister vnd Doctor / Vnd ob sie jemand wolt anfechten / das man nur nicht viel disputire / noch sich vnterstehe zu ermessen / Sondern schlechts hie her weise / vnd sage / Die habe ich ein klein büchlin / welchs heisset das Credo / darinn dieser Artikel stehet / Das ist meine Bibel / die ist so lang gestanden / vnd stehet noch vnumbgestossen / Da bleib ich bey / da bin ich auff getaufft / darauff lebe vnd sterbe ich / weiter las ich mich nicht weisen.

F ij Also

Also ist nu Christus aller ding vns gleich worden/ das er eben da selbs angefangen/ den weg gangen vnd jnns leben getretten/ vnd dasselbe fleisch vnd blut worden ist/ das wir sind/ Aber hie scheidet sichs/ das wir nicht komen durch den Heiligen geist/ sondern aus sundlichem fleisch vnd blut/ Er aber ist von vnd durch den Heiligen geist empfangen odder mensch worden/ Darumb ist seine geburt gantz rein vnd heilig/ vnser aber vnrein vnd verdampt/ Denn wie wol wir eben so wol Gottes geschepff sind/ so sind wir doch aus sundlichem fleisch gemacht/ Aber hie heisst es allein vom Heiligen geist empfangen/ das kein menschlich werck noch zu thun dazu komen ist/ Weil aber bey vnser geburt menschlich zu thun mit leufft/ darumb wird nichts reins draus/ Denn/ der meister der mit erbeitet/ ja der thon/ den er dazu thuet/ ist vnfletig vnd vnrein/ Gerade als wenn man einen mit einem schartigen messer balbiret/ das das blut hernach gehet/ Vnd ein jglicher zeug wenn er nicht gut ist/ so schneit vnd hawet er auch nichts guts/ vnd ist bald der rost im werck zu sehen/ Also geschicht nu vnser aller geburt vnd empfengnis von Adam jnn sunden/ Denn fleisch vnd blut ist von natur verderbt vnd vnrein/ weil wir nu auch da zu thun/ so wird auch ein solch werck draus/ das den rost vnd scharten mit bringet/ Solt nu Christus geburt rein werden/ so muste kein menlich zuthun dazu komen/ sondern der Heilige geist allein wircken jnn der Jungfrawen leib/ da beide/ der meister heilig/ vñ das werckzeug (als durch jn geheiligt) rein vnd lauter war.   Denn

Denn also sagt die Schrifft von vnser empfengnis vnd geburt / im ein vnd funfftzigsten Psalm / Sihe / ich bin aus sundlichem samen gezeuget / Vnd meine mutter hat mich jnn sunden empfangen / Das ist / Meine mutter hat eitel sundlich fleisch vnd blut dazu gebracht / vnd der vater / vnd was er dazu gethan hat / ist auch nicht rein / vnd also beide durch böse lust vnd vnreine natur zusamen gethan / So werde ich aus solchem fleisch vnd blut empfangen / Darumb kan auch nichts reines an mir sein / Aber jnn dieser geburt / (sagt dieser Artikel) hat weder mutter noch kein mensch nichts dazu gethan / Sonder der Heilige geist ist allein meister gewesen / das die Mutter selbs nicht gewar worden / wie es zugangen / ist / Aber der Heilige geist richtet es aus durch den glauben / Wie der Engel zeuget / Luce am andern Capitel / vnd Elizabeth zu jr sagt / Selig bistu / weil du gegleubt hast / denn es wird volendet werden / was dir gesagt ist von dem HERRn / Also das sie nichts da von gefület noch empfunden / sondern allein dem blossen wort gegleubt hat / vnd da durch des Heiligen geists werckzeug / vnd eine mutter ist worden.

Auff das er nu / durch seine geburt vnser vnreinen empfengnis vnd geburt hülffe / hat er auch daran angefangen / vnd kompt eben die selbige strasse / durch die geburt vnd empfengnis / Also das er vns durch vnd durch rein mache / durch seine reinigkeit / wo wir vnrein sind vnd sein müssen / Vnd da gegen stehe vnd spreche / Bistu
F iij vnrein

vnrein vnd jnn sunden empfangen vnd geborn/ So habe ich eben die selbige empfengnis vnd geburt angenomen/dir zu gut (doch aller dinge rein vnd on sunde) das du durch meine reinigkeit auch rein würdest/Also wird mein vnflat vnd vnreinigkeit/ durch jn rein gemacht/ vnd mus mich also behelffen einer frembden empfengnis vnd geburt vnd meine da mit schmücken vnd zuldecken/ Vnd sagen/ Ob ich wol vnrein empfangen vnd geboren bin/ vnd der selben vnreinen natur nicht kan los werden/weil ich lebe/ So ist er doch rein vnd on alle sunde empfangen vnd mensch worden/nicht vmb seinen/sondern vmb meinen willen/ das er mir seine geburt schencket.

Wie er nu mit der Empfengnis hat angefangen/vnd vns ist gleich worden/ Also feret er fort auch mit der geburt/ eben wie wir/ natürlicher weise/von der mutter/ Denn er hat nicht wollen geboren werden/von stein/holtz/noch von einem bein aus dem menschen genomen/oder aus einem erden klos/wie Heua vnd Adam/Sondern muste so zu gehen/das er hiesse aus Dauids natürlicher samen geborn/vnd da zu keme ein Weibliche person/natürlich da zu geschickt/das sie ein kind zur wellt brechte/ Noch gehets hie mit vns auch vnrein zu/ Denn wie wir jnn sunden vnrein empfangen sind/ so ist auch die geburt vnd hernach das gantze leben/leiden vnd sterben/vnrein/vnd alles vnter dem fluch vnd zorn/ Denn es ist durch die gantze natur gangen/ vnd das fleisch vnd blut ist durch gifftet/ das sichs nicht lesst rein machen noch en noch aus schwitzen mit einem bad / odder mit einem lappen aus scheuren / noch mit fewer aus brennen/ sondern ist durch marck vnd bein/ fleisch vnd blut / haut vnd har gar vnrein / Dem zu hülffe/ kompt er durch seine geburt/ auffs aller reinest geborn von der Jungfrawen / on alle böse lust vnd begird/ da zu on wehe/ vnd schmertzen / Denn da ist kein vrsache der wehetage gewesen / so Gott den Weibern zur straffe auffgelegt// weil das kind nicht inn sunden noch von einem man/ sondern vom Heiligen geist/ empfangen war.

Also ist nu vnser geburt vnd was wir hie leben/ auch durch jn gereiniget / Denn ob wol wir verdampt sind/ von der geburt durch vnser gantzes leben/ so ist er aber rein/ vnd gibt vns solche reinigkeit / wie wir inn diesem Artikel bekennen/ Denn er ist darumb geboren/ vnd durch vnser gantzes leben gangen/ Vnd wie wol hie nicht ausgedrückt wird/ was er sonst gethan habe/ Denn es were zu lang alles zu sagen/ Doch ists gnug/ das er so viel zuuerstehen gibt/ bey diesem stück/ das er eben gelebt/ vnd alle natürliche odder menschliche werck gethan habe/ mit essen/ trincken/ gehen/ stehen / schlaffen / wachen/ reden / wie ein ander mensch/ Wie Sanct Paulus zun Philippern am andern Capitel saget/ Er ward gleich wie ein ander mensch/ vnd an geberden/ als ein mensch erfunden rc. Da mit hat er alles geheiliget/ was wir sind vnd thun nach dem natürlichen leben/ als menschen/ das vns nicht
schadet

schadet/wir essen/trincken/gehen/stehen/schlaffen/wachen/erbeiten rc. Welches wol vnrein ist vnsers fleisch vnd bluts halben / aber sein geniessen wir/wo wir vnser entgelten / Denn er hat es alles rein gemacht/ an seinem leibe/ das vns durch jn nicht schadet/was der allten geburt vnd dieses lebens ist/ Sondern ja so rein geschatzt wird / als seine/ weil ich jnn seine geburt vnd leben bekleidet bin/ durch die Tauffe vnd den glauben / das auch alles Gott gefellig ist / was ich thue / vnd heisset ein heilig gehen/stehen/essen trincken/ schlaffen vnd wachen rc / Das es alles mus eitel heiligthum werden an einem jglichen Christen / ob er gleich noch im fleisch lebt /vnd an jm selbs wol vnrein ist/ aber durch den glauben ist er aller dinge rein/ Also ist es eine frembde/ vnd doch vnser heiligkeit / Das Gott alles was wir thun jnn diesem leben/als an jm selbs vnrein/ nicht wil an sehen/sondern alles heilig / köstlich vnd angeneme sein sol/ durch dis kind/ welchs durch sein leben die gantze wellt heilig machet.

Vnd solchs alles aber mal on alle vnser werck/ Denn es kompt keine kappe noch platte da zu, kein haerin hembd/barfus gehen/knien/beten/fasten casteyen/ noch einig werck so auff erden geschehen kan/ Denn das ist noch alles vnrein / als eine rustige/schartige axt odder messer/ Ja es ist alles zweyfaltig vnrein vnd verdamlich / weil solche werck ausser Christo geschehen / vnd durch sich selbs wollen die reinigkeit erlangen / zu vnehren / ja zu verleugkung seiner reinigkeit /als dürfften sie
der sel=

der selben nichts vberal/ So doch alles was nicht Christus ist/ gantz vnrein vnd verdampt ist/ mit der geburt vnd allem leben/ Vnd keine reinigkeit noch heiligkeit jnn vns noch aus vns komet/ Sondern ausser vnd vber vns/ vnd weit von vns/ ja vber alle vnser synne witz vnd verstand/ allein jnn dem Christo/ durch den glauben gefunden vnd erlangt wird.

Denn das solten wir ja zureden sein/ weil es so klar ist das jederman wol greiffen kan/ das Christus vnser HErr sey nicht mein werck noch geburt/ noch fasten/ beten/ wallen/ armut/ keuscheit rc/ Denn das alles ist ja nicht von der jung frawen geborn/ noch von dem Heiligen geist empfangen/ Was wollen wir denn dar auff bawen als weren wir odder vnser werck selbs heilig von geburt vnd empfengnis/ vnd dürffeten keines Christi? Sol ers aber allein geben/ vnd von dem kind allein geprediget vnd gegleubt werden/ das er reiner geburt vnd empfengnis sey/ vnd vnsere heiligkeit von jm vnd alle seinem leben her komet nicht von mir noch einigen menschen/ Was vermessen vnd trotzen wir denn/ das vnser werck auch nütze seien vnd dienen sunde ab zulegen/ vnd den menschen zu heiligen? Ist es doch eine greiffliche torheit/ die auch wol ein kind mercken kan/ noch dürffen sie so drüber streiten vnd kempffen/ schreyen vnd ketzern widder vns/ als hetten vnser werck den rhum/ das sie von der reinen Jungfrawen vnd vom Heiligen geist her komen/ vnd durch sich selbs rein vnd heilig weren.

G   Darumb

Darumb setzen wir dis vnser Buch odder Bibel da gegen/ widder alle solche lerer/ vnd schliessen/Dieser Artikel leret mich nicht/das ich odder meine werck/ Monchs kappen odder Orden/ von der Jungfrawen geborn sey/ sondern mein HERr Christus/Darumb finde ich nichts reines noch heiliges an mir vnd allen menschen/ Sondern alle vnsere werck nichts anders sind/ denn(mit vrlaub)eitel leuse jnn einem alten vnreinen peltz/ da nichts reines aus zu machen/ vnd kurtz/da weder haut noch har mehr gut ist. Aber es ist ein leidige blindheit des Teuffels/ der die leute so verblendet/ das sie das helle liecht vnd greiffliche warheit nicht sehen/ob es jn gleich im wege ligt/das sie drüber portzeln/ Darumb ist es Gottes gabe/ vnd gewalt des HERRN Christi/das man diesen Artikel recht erkenne vnd fest im hertzen halte/ vnd darnach richten könne/alle ander lere vnd wesen/ als falsch vnd verfürisch/ Wo das ist/ da ist der Heilige geist jnns hertz geschrieben/ vnd der Teuffel aus getrieben/ Sonst wirstu solch erkentnis aus deinem kopff nicht spinnen/ Denn wo ers nicht leret/ da bleibet alle wellt jnn dem glauben/ des Bapsts/ Türcken vnd Jüden/ das sie sich durch jre werck wollen rein baden vnd wasschen von sunden/ Ja wassche nur wol/ wie die Saw/ wenn sie im kot sich schwemmet/ odder wenn sie wol gebadet vnd gewasschen ist/widder im kot weltzet/ vnd bleibet doch eine Saw wie sie ist/ So sind diese auch/ ob sie gleich den glauben vnd Tauffe angenomen vnd

vnd mit vns hallten / vnd sagen / Das Christus vnser seligkeit sey 2c / da durch sie rein vnd heilig solten werden / wenn sie da bey bleiben / Aber da mit besuddeln sie sich widder / das sie sagen / Vnser werck müssen auch etwas da zu thun / das wir rein werden / Da ligt die Saw widder im kot mit allen vieren / Wir aber / wollen wir rein sein vnd bleiben / so last vns hüten / das wirs nicht suchen jnn vns noch vnser geburt / Sondern jnn dem kind / welcher allein der Jungfrawen Son / vnd eben der selbige / Einiger Son Gottes / ist / welchs kein ander mensch auff erden rhümen kan / 2c.

Das ist nu der gang des HERRN Christi von der geburt an / durch vnser gantzes leben / das er aller dinge eben gelebt vnd gewirckt hat / wie wir / Vnd da mit / weil ers selbs angerürt / alles geweihet vnd geheiliget / das keine speise / kein essen noch trincken / kein kleid / kein schlaffen / waschen / gehen / stehen / vns kan vnrein machen / vnd ein Christ nichts kan sehen / hören / anrüren 2c / dar an er sich versundige / so ferne er im glauben bleibet / Denn es ist durch jn alles rein worden / vñ geheiliget mit seinen heiligen augen / mund / henden / füssen vnd allen gelidern / ja kleidern / vnd alle seinem leben / Bis er auch hinan komen ist / an das ende / vnd eben ein solch end genomen hat / vnd so wol durch den tod gangen ist / wie wir / on das wir nicht alle gleiches tods sterben / Aber wie vnser gantzes leben vnheilig vnd vnreine ist / so ist auch vnser tod verflucht vnd

G ij   vnrein

vnrein/das niemand durch sein sterben eine sunde kan büssen/ Wie die schendlichen Monche getröstet haben/ so mit dem Crucifix den armen verurteileten leuten zum tod gangen sind/ vnd doch von dem Creutz odder Christo geweiset/ vnd jren schmehlichen tod für jre sunde heissen setzen/Des gleichen allen sterbenden jr leiden vnd vnglück zur busse vnd gnug thuung fürgestellet/Welchs heisst Christum gar verleugnet/ Denn das ist wol war/ das wer getödtet wird/ der thut gnug durch den selben tod/hie auff erden vnd nach dem jrdischen regiment/ gegen denen widder die er gesundiget hat/ das er da mit bezalet vnd niemand kein ansprache mehr zu jm hat/ So ferne ist er rein vnd from/ Aber was hilfft das für Gott? Denn der tod kan die sunde nicht wegnemen/ weil er selbest verflucht/vnd eben die ewige straffe Gottes zorns ist/Darumb müssen wir hie einen andern haben/ der für vns einen vnschuldigen reinen tod gelidden/vnd Gott da mit bezalet hat/das solcher zorn vnd straffe von vns genomen würde.

Das ist nu auch der selbige vnser HERR Christus/den dieser Artikel zeiget/ das er für vns gelidden/gecreutzigt/gestorben vnd begraben ist. Vnd nennet eben die zeit/ stet vnd person/ wenn/ wo vnd vnter wem solchs geschehen ist/ Als er spricht/Vnter Pontio Pilato rc.Auff das man ja des rechten Christi nicht feile/ noch auff einen andern gaffe/ Wie die Jüden thun/ welche noch jmer dar auff jren Messias hoffen/Vnd zwar beide Türcken vnd Bapst auch/ jnn dem den Jüden
gleich

gleich sind/ vnd alle die durch jre werck vnd leiden/ selig vnd heilig werden wöllen/ das sie den Christum faren lassen/ vnd einen andern suchen jnn Cappen/ Platten vnd eigen Gottes dienst/ vnd also sich selbs zu Christo machen/ Denn da wird aus allen glauben ein glaube/ wenn man Christum verleuret/ vnd der einige Deiland aus dem hertzen ist/ Denn sie sind alle jnn dem stück eins/ das sie den glauben nicht haben/ vnd auff ander ding bawen/ ob sie gleich mancherley werck oder Gottes dienst/ weise vnd wege selig zu werden/ fürnemen/ Vnd doch alle des rechten feilen/ das gleich so viel ist wie sie leben odder leiden/ sterben odder verderben/ als die doch zugleich alle zum Teuffel gehören/ Denn da ist/ beide leben vnd tod alles vnrein vnd ein verdampter grewel für Gott.

Wir aber/ haben hie den gewissen trost/ das der so für vns gelidden hat/ gecreutzigt vnd gestorben ist/ Der ist heilig/ vnd eines heiligen tods gestorben/ da durch auch alle die an jm hangen vnd jm glauben sterben/ odder vmb bracht werden/ rein vnd heilig sind/ vnd zu den ehren komen/ das die Schrifft von jn sagt/ am hundert vnd sechzehenden Psalm/ Der tod seiner Heiligen ist theuer geacht für Gott. Item/ am zwen vnd siebetzigsten Jr blut wird theuer geacht werden für jm/ Aber nicht durch mein sterben/ als eines diebs odder schalcks/ sondern durch den HERrn Christum/ weil er gecreutzigt vnd den tod geschmeckt hat/ das er jn getroffen hat/ vnd er jn widder/ Vnd also durch den gang den tod nützlich vnd heilig gemacht/

G ij   macht/

macht/das es ein theurer köstlicher schatz ist/ Vnd wir vns des trösten können/wo wir gleuben/ das nicht allein vnser leben durch jn geheiligt/ sondern auch der tod/der das ende vnd vntergang des lebens heisst/ sol für Gott köstlich vnd werd sein/ Nicht darumb/das es vnser tod ist/ wie der Schecher am Creutz saget/ Wir werden billich verdampt/Denn wir empfahen/was vnser thaten wer sind/Dieser aber hat nichts vngeschickts gehandlet rc/ Als wolt er sagen/ Wir leiden vnd bezalen auch/aber nur dem Richter Pilato/ aber aber für Gott sind wir jnn der verdemnis.

Sihe/der ist viel klüger/ denn die törichten Monche/wil nicht seine pein vnd tod für die sund gesetzt haben/noch dar auff da hin faren/das er für der wellt bezalt vnd gnug gethan hat/ Sondern verdampt sich selb/vnd wendet sich herumb/ vnd henget sich an den Christum/durch den glauben/ vnd hoffet durch jn selig zu werden/ Da mit machet er/das sein verfluchter/verdampter tod/ wird ein heiliger tod/ Vnd doch so gar on alle werck/ da ist kein fasten/ büssen rc/ sondern gar nichts/ denn das er mit dem hertzen sich henget an den Christum vnd seinem tod/Wenn der da ist so thue dar nach vnd leide was du solt/so ist es alles eitel heiligthum/was du lebest odder stirbest/ Das es nur alles von diesem Man kome/ da von die wellt nichts weis/noch wissen wil/ Sondern noch da zu die plage hat/ das sie ja Gott bezalen wil/durch jr leiden vnd werck/ das er sie darumb ansehen/rein vnd heilig sprechen müsse/ Nu wil
ers

ers nicht thun / das er etwas an vns jm gefalle /
lasse / odder gut vnd heilig heisse / es sey denn das
wir zuuor durch eine frembde reinigkeit / dieses
seines einigen Sons / vnd seiner geburt / lebens /
leidens vnd sterbens / rein werden / Kerestu es aber
vmb / vnd wilt dich zuuor durch dich selbs rein
machen / vnd den Christum da hinden lassen / so
machestu dich nur zwifeltig vnrein / ja einen
schendlichen grewlichen vnflat vnd stanck für
Gott / wens auch möglich were / das du für eine
sunde tausentmal den tod liddest.

Also ist nu alles / beide / Christus leben vnd
sterben vnser schatz / da durch wir / durch vnd
durch heilig werden / vnd darinn alles haben / ob
wir schon auff erden nichts mehr haben noch
sind / sondern durch den tod abgeschnitten von die
sem leben / noch sind wir jnn dem selben heilig /
das wir auch im tode für jm nicht tod sind / son=
dern aus dem tod widder ein leben mus werden /
nicht wie dieses elende / vergenglichs / sondern
ein herrliches ewig leben / Wie er aus vnd durch
den tod zur ewigen herrligkeit ist komen. Da
zu kompt nu auch das aller letzte stück / das er
nicht allein gestorben / sondern auch jnn die erde
begraben vnd hinunter zur helle gefaren ist / Alles
vmb vnsern willen / Denn wie wir alle müssen vn
ter die erde beschorren / verfaulen vnd verwesen.
Also ist er auch hinunter gefaren vnd darinne gele
gen / als solte er auch verfaulen vnd zu pulver vnd
erden werden / Vnd doch nicht worden ist / Denn
er hat nicht so lange geharret / das er verwesen
könde /

kbnde/wie die Schrifft zuuor von jm geweissagt hatte/sondern geeilet zur aufferstehung/die seinen zu trösten/das jr glaube nicht da hin fiele rc.

Weil er nu vnter die erden komen vnd begraben ist/ so müssen nu aller Christen greber auch heiligthum sein/vnd wo ein Christen ligt/das da lige ein leiblicher heilige/Abermal nicht vmb seines wesens vnd eigner heiligkeit willen/da her der Bapst heiligen gepreiset vnd erhaben hat/ Sondern darumb/das er gestorben ist im glauben/an den heiligen/gecreutzigten/gestorben vnd begrabenen Son Gottes/welches grab auch herrlich vnd heilig war/Wie Jesaia am eilfften Ca. gesagt hat/Also machet dieser mensch Christus/ alle wellt vol/vol/vnd eitel heiligthum/das auch der tod vnd grab/galgen/schwerd/fewer/wasser rc/heiligthum wird/doch allein durch den glauben/Aber weil das vernunfft nicht sihet noch verstehet/so hat der Grawe rock vnd Barfusser Cappe den preis/das/wer darinn begraben wird/der müsse gen himel faren/Es sey Gott lieb odder leid Denn solchs kan das maul auff sperren/das es leucht vnd gleisset/Aber dis wil nicht so leuchten das ein mensch elendiglich da hin stirbt/zu pulver verbrend/inns wasser geworffen/vnd wol on grab bleibet/als ein verworffener/verdampter/ mensch vmb seines glaubens vnd bekentnis willen/Vnd sol doch vber alles leuchten jnn himel vnd erde/das er jnn Christo gestorben vnd dahin gefaren ist/das/wenn die wellt so vol Cartheuser odder Barfusser were/als laub vnd gras/vnd gegen eigen einem solchen menschen hielten/ob er wol des schendlichsten tods auff erden stirbet/ so sol dir da für grawen/als für den ergesten stanck vnd vnflat des Teuffels.

Denn es mus ja vnmeslich grösser sein/ Christus war Gottes Son vnd mensch von der Jungfrawen geborn/denn jhenes alles/wenn es gleich köstlich were/ Was ist Sonn vnd Mond vnd alles liecht/gegen dis liecht? Ja was ist die gantze Creatur/gegen dieser Maiestet vnd Schepffer aller ding? Nu hat er mit seinem heiligen leib alles was vns treffen kan/ angerüret vnd zum heiligthum gemacht/ das wir bey vns selbs finden/ nicht allein im leben/ sondern auch im sterben vnd grabe/das wir nicht dürffen schöner noch grösser heiligthum süchen/ wie die narren/ die gen Rom vnd gen Jerusalem lauffen/ nach stein vnd holtz/odder nach einem todten bey/welchs niemand weis wo es her komet/vnd lassen den schatz ligen/den du da heim bey dir selbst kanst haben/ der dich vnd alles heilig machet. Wiltu von heiligthum rhümen/ warumb rhümestu das heiligthum nicht/das Jhesus Christus Gottes Son gerürt hat/ mit seinem eigen leibe? Was rüret er aber? Mein leben vnd sterben/mein gehen/stehen mein leiden/ vngluck vnd anfechtung/ welchs er alles erfaren/getragen/vnd hindurch gangen ist/ Vnd zu letzt auch vnter der erden im grab gelegen mit einem stein vnd siegel verwaret/ vnd von den Jüden selbs versiegelt/ zum zeugnis/ das er warhafftig gestorben vnd begraben sey.

D   Da her

Da her ist es fein vnd recht/ vnd noch itzt löblich/ das man die stet da die Christen ligen jnn ehren helt/ vnd ehrliche begrebnis stifftet vnd erhelt/ Wenn nur der misbrauch der heiligen dienst vnd Abgöterey vermidden bliebe/ vnd die predigt rechtschaffen gienge/ von dem rechten heiligthum/ welchs alle getauffte Christen haben/ durch den glauben an Christum/ Denn wo ein Christen lig/ da ist gewislich ein rechter heilige/ vnd machet die stet auch heilig/ Gott gebe/ sie sey geweyhet odder nicht/ ja ob es gleich auff der Schindleich odder vnter dem Rabenstein were/ Aber das taug gar nichts/ das man ein abeglauben dar aus wil machen/ vnd ein Götzen dienst stifften/ als solten die verstorbenen Heiligen vnser Mittler sein/ vnd Christum faren lesset/ So doch sie selbs/ nicht durch sich selbs sind heilig worden/ sondern allein jnn Christo vnd durch Christum mus leben vnd sterben/ was heilig vnd Gott angeneme sein sol/ wie wir gnug gehört haben.

Folget die Dritte Predigt.

Die

Die Dritte Predig / auff den Ostertag.

WEil wir nu den HER-REN Christum begraben haben / vnd gehöret wie er aus diesem leben gescheiden ist / müssen wir jn auch widder eraus heben vnd den Ostertag begehen / an welchem er jnn ein ander newes leben getretten ist / da er nicht mehr sterben kan / vnd ein HERr worden vber tod vnd alle ding jnn himel vnd erden / Welches zeiget auch dieser Artikel / da wir sprechen.

Nidder gefaren zur Helle / am dritten tage widder aufferstanden von den toden.

DEnn ehe er aufferstanden vnd gen himel gefaren ist / vnd noch im grabe lag / ist er auch hinunter zur Helle gefaren / auff das er auch vns / die da solten darinn gefangen ligen / dar aus erlösete / wie er auch darumb jnn den tod komen / vnd jnns grab gelegt war / das er die seinen dar aus holete / Ich wil aber diesen Artikel nicht hoch vnd scharff handeln / wie es zugangen sey odder was da heisse zur Helle faren / Sondern bey

D ij   dem ein

dem einfeltigsten verstand bleiben/wie diese wort lauten/wie mans kindern vnd einfeltigen fürbilden mus/Denn es sind wol viel gewesen/die solches mit vernunfft vnd funff synnen haben wollen fassen/ Aber da mit nichts troffen noch erlanget/ sondern nur weiter vom glauben gegangen vnd abgefüret/Darumb ist dis das aller sicherste/wer da wil recht faren vnd nicht anlauffen/das er nur bleibe bey den worten/vnd die selben jm einfeltiglich einbilde/auffs beste er kan.

Dem nach pflegt mans auch also an die wende zu malen/wie er hinunter feret/mit einer Chorkappen/vnd mit einer fahnen jnn der hand/für die Helle kompt/vnd da mit den Teuffel schlegt vnd verjagt/die Helle stürmet vnd die seinen eraus holet/Wie man auch jnn der Osternacht ein spiel für die kinder getrieben hat/ Vnd gefellet mir wol/ das mans also den einfeltigen für malet/spielet/ singet odder sagt/ Vnd sols auch da bey bleiben lassen/das man nicht viel mit hohen/spitzigen/ gedancken sich bekömere/wie es möge zu gangen sein/weil es ja nicht leiblich geschehen ist/sintemal er die drey tage ja im grabe ist blieben.

Denn ob man gleich gantz scharff vnd subtil da von reden möcht/wie es an jm selbs ist/Wie auch ettliche lerer daruber disputirt haben/ob er persönlich vnd gegenwertig nach der seele/ odder allein durch seine krafft vnd wirckung hinunter gefaren sey/ So ist es doch nicht mit gedancken zu erlangen/noch zu ergrunden/ vnd sie selbs auch nicht verstanden haben/Denn das ich das sol

mit

mit dem munde aus reden / odder mit synnen begreiffen/ wie es zu gehe jnn dem wesen/ das gar weit vber vnd ausser diesem leben ist/ das werde ich wol lassen/ Kan ich doch das nicht alles erlangen/ was dieses lebens ist/ als/ wie dem HERrn Christo zu synn vnd mut ist gewest im garten/ da er mildiglich blut schwitzete/ Sondern mus es im wort vnd glauben bleiben lassen/ Also ist viel weniger mit worten odder gedancken zu fassen/ wie er zur Helle gefaren ist/ Sondern weil wir ja müssen gedancken vnd bilde fassen/ des das vns jnn worten fürgetragen wird/ vnd nichts on bilde dencken noch verstehen können/ So ist fein vnd recht das mans dem wort nach ansehe/ wie mans malet/ das er mit der fahn hinunter feret/ die Helle pforten zu bricht vnd zustöret/ vnd sollen die hohen vnuerstendlichen gedancken anstehen lassen.

Denn solch gemelde zeiget fein die krafft vnd nutz dieses Artikels/ darumb er geschehen/ gepredigt vnd geglenbt wird/ wie Christus der Hellen gewalt zustöret/ vnd dem Teuffel alle seine macht genomen habe/ Wenn ich das habe/ so habe ich den rechten kern vnd verstand da von/ vnd sol nicht weiter fragen noch klügeln/ wie es zu gangen odder möglich sey/ eben als auch jnn andern Artikeln solch klügeln vnd meistern der vernunfft vrboten ist/ vnd auch nichts erlangen kar/ Sonst wenn ich auch wolte so klug sein/ wie ettliche/ die gerne hoch faren vnd vnser einfeltigkeit spotten/ so könd ich auch wol schertzen/ vnd fragen/ was er für eine fahne gehabt/ ob sie von tuch odder pa

D iij pir ge-

pir gewest sey/vnd wie es zu gangen sey / das sie nicht jnn der Delle verbrand ist. Item/ was die Delle für thor vnd schlosser habe ꝛc/vnd also fein Heidnisch die Christen verlachen/ als die grössten narren/das sie solchs gleuben/ Das ist gar eine schlechte/leichte/kunst/ die jderman wol on jr leren wüste/ ja auch eine saw odder kue wol könde/ So kund ich auch meisterlich Allegorias draus machen/ vnd deuten/ was fahne vnd stab odder tuch vnd Delle thor heisse.

Denn wir sind ja/ Gott lob/ so grob nicht/ das gleuben odder sagen/das es leiblich so zugangen sey/ mit eusserlichem gepreng/ odder hültzen fahnen vnd tuch/ odder das die Delle ein hültzen odder eisern gebew sey / Aber wir lassen beide solch fragen/klügeln vnd deuten da heimen/ vnd reden einfeltiglich da von/ das man mit solchen groben gemelden fasse/ was dieser Artikel gibt/ wie man sonst die lere von Göttlichen sachen/ durch grobe eusserliche bilde für gibt/ Wie Christus selbs allenthalben im Euangelio dem volck das geheimnis des himelreichs durch sichtige bilde vnd gleichnis für hellt/Odder wie man das kindlin Jhesu malet/ das er der Schlangen auff den kopff tritt/ Vnd wie jn Moses den Jüden für malet jnn der wüsten/ durch die Ehrne schlange. Item/ Johannes der Teuffer/ durch ein lamb/ da er jn das Lamb Gottes nennet/ Denn solche bild sind fein helle vnd leicht/ ein ding da durch zu fassen vnd behalten/ vnd da zu lieblich vnd tröstlich/Vnd dienen ja da zu/ ob sie sonst nirgend
zu gut

zu gut weren/das dem Teuffel gewehret were/mit seinen ferlichen pfeilen vnd anfechtungen/ der vns mit hohen gedancken wil vom Wort füren/ das wir mit der vernunfft klettern vnd klügeln jnn den hohen Artikeln/bis er vns zuletzt stürtze.

Vnd ist on zweiuel von den alten Vetern so auff vns komen/ das sie so da von gered vnd gesungen haben/ wie auch noch die alten lieder klingen/ vnd wir am Ostertag singen/ Der die Helle zubrach/ vnd den leidigen Teuffel darinne band ꝛc. Denn/wenn ein kind odder einfeltiger solchs höret/ so dencket er nicht anders/ denn das Christus den Teuffel habe vberwunden/ vnd jm alle seine gewalt genomen/ Das ist recht vnd Christlich gedacht/ die rechte warheit vnd dieses Artikels meinung troffen/ob wol nicht nach der scherffe da von gered/ noch so eben aus gedrückt wie es geschehen ist/ Aber was ligt dar an? wenn mirs meinen glauben nicht verderbet/ vnd den rechten verstand fein klar vnd helle gibt/ den ich da von fassen sol vnd kan/ Vnd ob ich gleich lange scharff suche/doch nichts mehr da von kan fassen/ sondern viel ehe den rechten verstand verliere/wo ich nicht wol verwaret an dem Wort fest halte/Man mus doch dem groben volck kindlich vnd einfeltiglich fürbilden/ als man jmer kan/ Sonst folget der zweyer eines/ das sie entweder nichts da von lernen noch verstehen/odder wo sie auch wollen klug sein/ vnd mit vernunfft jnn die hohen gedancken geraten/ das sie gar vom glauben komen.

Das re=

Das rede ich darumb/weil ich sehe/das die wellt itzt wil klug sein/ jnns Teuffels namens/ vnd in den Artikeln des glaubens nach jrem kopff meistern vnd alles ausgrunden/Also hie/wenn sie höret das Christus zur Helle gefaren ist/ feret sie zu/vnd wils so bald aus speculiren/wie es zugangen sey/ vnd machet viel weitleufftiger vnnützer fragen/ ob die seele allein hinunter gefaren sey/ odder/ ob die Gottheit bey jr gewest sey. Item/ was er da selbs gethan habe/ vnd wie er mit den Teuffeln vmbgangen sey/ vnd der gleichen viel/ da von sie doch nichts wissen kan/ Wir aber sollen solch vnnötige frage lassen faren/vnd schlecht einfeltiglich vnser hertz vnd gedancken an die wort des Glaubens hefften vnd binden/Welcher sagt/Ich gleube an den HERREN Christum Gottes Son gestorben/ begraben/ vnd zur Helle gefaren/ Das ist/an die gantze person/Gott vnd mensch mit leibe vnd seele vngeteilet/ von der Jungfrawen geboren/gelidden/gestorben vnd begraben ist/ Also sol ichs hie auch nicht teilen/sondern gleuben vnd sagen/das der selbige Christus/ Gott vnd mensch jnn einer person/ zur Helle gefaren/aber nicht darinne blieben ist/Wie der sechtzehend Psalm von jm sagt/Du wirst meine seele nicht jnn der Helle lassen/ noch zu geben/ das dein Heiliger die verwesung sehe/Seele aber heisset er nach der Schrifft sprache/nicht wie wir/ein abgesondert wesen vom leibe/ sondern den gantzen menschen/wie er sich nennet den Heiligen Gottes

Wie aber solchs möge zu gangen sein/das der mender mensch da im grabe ligt vnd doch zur Helle feret/ das sollen vnd müssen wir wol vnergrundet vnd vnuerstanden lassen/ Denn es ist freilich nicht leiblich noch greifflich zu gangen/ ob mans wol grob vnd leiblich malen vnd dencken mus/ vnd so da von reden durch gleichnis/ als wenn ein starcker Hellt odder Hyse jnn ein fest Schlos keme/ mit seinem heer/ panier vnd woffen/ vnd dasselbige zustöret/ vnd den feind darinn fienge vnd bunde rc Darumb sage nur einfeltiglich also/ wenn man dich fraget von diesem Artikel/ Wie es zu gangen sey/ das weis ich warlich nicht/ werde es auch nicht erdencken noch aus reden können/ Aber grob kan ich dirs wol malen vnd jnn ein bild fassen/ von verborgen sachen fein klar vnd deutlich zu reden/ Das er ist hin gangen vnd die fahne genomen/ als ein Siegender hellt/ vnd da mit die thor auff gestossen vnd vnter den Teuffeln rumort/ das hie einer zum fenster/ dort zum loch/ hinaus gefallen ist.

So kompst du vnzeitiger klügling mit deiner beschmissen klugheit/ vnd spottest/ Ist das war/ so höre ich wol/ die Helle hat hültzen thor/ vom Zimerman gemacht/ wie ist sie denn so lang gestanden/ das sie nicht verbrand ist rc? Antwort/ Das wuste ich vor hin wol/ ehe deine klugheit geborn war/ vnd darffest mich nicht leren/ das die Helle nicht von holtz vnd stein gebawet ist/ noch solche thor vnd fenster/ schlösser noch rigel hat/ wie ein haus odder Schlos auff erden/ Vnd er nicht mit einer tüchern fahnen sie hat zu störet/ So

J kan ich

kan ich auch/Gott lob/ wol so scharff als jrgend ein solcher klügler da von reden/ vnd da zu solche bilde vnd figuren alle fein verkleren/vnd aus legen was sie deuten. Aber ich wil lieber jnn dem kindlichen verstand/ vnd einfeltigen klaren worten bleiben/ der mir diesen Artikel fein malet/ denn mit jnen jnn die hohen gedanck faren/die sie selbs nicht verstehen/vnd der Teuffel sie da mit von der bahn füret/ Denn solch bilde kan mir nicht schaden noch verfüren/ sondern dienet vnd hilfft wol da zu/ das ich diesen Artikel dester stercker fasse vnd behalte/ Vnd bleibt der verstand rein vnd vnuerkeret (Gott gebe/ die pforten/ thor/ vnd fahne sey hültzen odder eisern/ odder gar keine gewest) Wie wir doch müssen alle ding/die wir nicht kennen vnd wissen/ durch bilde fassen/ ob sie gleich nicht so eben zutreffen/odder jnn der warheit also ist/wie mans malet/ Also gleube ich auch hie/ das Christus selbs persönlich die Helle zu störet/ vnd den Teuffel gebunden hat/Gott gebe die fahne/pforten/thor vnd ketten sey hültzen/eisern/odder gar keine gewest/ Da ligt auch nichts an/ wenn ich nur das behalte/ so durch solche bild wird angezeigt/das ich von Christo gleuben sol/ welches ist das heubtstück/nutz vnd krafft/so wir da von haben/ das mich vnd alle die an jn gleuben/ weder Helle noch Teuffel/ gefangen nemen noch schaden kan.

 Das sey nu auffs einfeltigst von diesem Artikel gered/ das man an den worten halte/ vnd bey diesem heubtstück bleibe/ das vns durch Christum

stum die Helle zu rissen / vnd des Teuffels reich vnd gewalt gar zu störet ist / vmb welches willen er gestorben / begraben vnd hinunter gefaren ist / das sie vns nicht mehr sol schaden noch vberweldigen / wie er Matthej am sechtzehenden selbs sagt / Denn ob wol die Helle an sich selbs die helle bleibt / vnd die vngleubigen gefangen hellt / wie auch der tod / sunde vnd alle vnglück / das sie darinn bleiben vnd verderben müssen / Vnd vns auch selbs nach dem fleisch vnd eusserlichen menschen schrecket vnd drenget / das wir vns da mit schlahen vnd beissen müssen / Doch ist solchs im glauben vnd geist alles zustört vnd zurissen / das es vns nichts mehr schaden kan.

Das ist alles ausgerichtet durch diesen einigen man / das vnser HERR Christus hinunter zur Helle gefaren ist / Sonst hette es die wellt mit alle jren krefften nicht vermöcht / jemand aus des Teuffels banden zu erlösen / noch für eine sunde der Hellen pein vnd gewalt weg zu nemen / ob auch alle Heilgen für eines menschen sunde jnn die Helle füren / Sondern müsten alle zu mal so viel jhe auff erden komen sind / ewiglich darinne bleiben / wo nicht der Heilige / Allmechtige Gottes Son / mit seiner eigen person da hin gefaren / vnd die selbige durch seine Göttliche gewalt mechtiglich gewonnen vnd zu störet hette / Denn das vermag kein Cartheuser kappen / Barfusser stricke / noch aller Monche heiligkeit / noch aller wellt gewalt vnd macht / ein füncklin des Hellischen fewrs aus zu leschen / Aber das

J ij   thuts /

thuts / das dieser man selbs hinunter kompt mit seiner fahne / da mussen alle Teuffel lauffen vnd fliehen/als fur jrem tod vnd gifft/ vnd die gantze Helle mit jrem fewer für jm verlesschen/ das sich kein Christen da für fürchten darff/ vnd wenn er da hin feret/nicht mehr sol der Helle pein leiden/ gleich wie er durch Christum auch den tod nicht schmecket/ sondern durch tod vnd Helle zum ewigen leben hindurch dringet.

Er hats aber nicht da bey lassen bleiben/vnser HERr Christus/ das er gestorben vnd zur helle gefaren ist (denn da mit were vns noch nicht endlich geholffen) sondern ist widder aus dem tod vnb Helle gefaren/das leben widder bracht/vnd den himel auff geschlossen/vnd also öffentlich seinen sieg vnd triumph / an tod/Teuffel/Helle/ beweiset/da durch/das er lauts dieses Artikels/Am dritten tag widder aufferstanden ist von den todten/ Das ist das ende vnd das beste da von/ jnn welchem wirs alles haben/Denn es ist auch darinn/alle gewalt/krafft vnd macht / vnd was da ist in himel vnd erden/Denn da durch das er vom tod aufferstanden ist/ ist er worden ein mechtiger HErr/ vber tod vnd alles was des todes macht hat/odder zum tode dienet/ das er jn nicht mehr fressen noch halten kan/die sunde nicht mehr auff jn fallen noch zum tode treiben/ der Teuffel nicht mehr verklagen/noch die wellt odder jrgend eine Creatur jn plagen noch jm schaden / Welche alle nichts mehr widder vns thun / denn das sie dem tod vnd Helle dienen/ als seine böttel vnd schergen/

gen/ vnd vns zu dem selben treiben vnd jm vberantworten/ Wer aber dem tod entgangen vnd aus
seinen banden ist/ das er jn nicht mehr halten
noch fahen kan/ der ist auch dem andern allen ent
gangen/ vnd ein herr vber wellt/ Teuffel/ strick/
schwerd/ fewer/ galgen/ vnd allen plagen/ das er
jn wol kan entsitzen vnd trotz bieten.

Dieser rhum gehöret nu abermal alleine dem
HERRN Christo/ Denn er hat es durch seine
Allmechtige Göttliche gewalt zu wegen bracht/
Aber nicht für sich selbs/ sondern für vns arme
elende leute/ die des tods vnd Teuffels ewig gefan
gen sein musten/ Denn er war vorhin für sich/ für
tod vnd allem vnglück wol sicher/ das er nicht
sterben noch jnn die Helle faren muste/ Weil er
sich aber jnn vnser fleisch vnd blut gesteckt hat/
vnd all vnser sund/ straffe vnd vnglück auff sich
genomen/ so must er vns auch eraus helffen/ also
das er widder lebendig/ vnd auch leiblich vnd
nach seiner menschlichen natur/ ein Herr des todes würde/ auff das auch wir jnn jm vnd durch
jn endlich aus dem tod vnd allem vnglück kemen/
Da her heisst er jnn der Schrifft/ Primo genitus
ex mortuis/ der Erstgeborne von den todten/ als
der vns die bahn gebrochen/ vnd vorgangen ist
zum ewigen leben/ das wir durch seine aufferste
hung auch hindurch komen/ vnd so einen herrlich
en sieg am tod vnd Helle begangen/ das wir die
der selben gefangen waren/ nicht allein erlöset/
sondern auch siegen vnd herrn werden/ durch den
glauben/ durch welchen wir jnn seine aufferste

J iij   hung

hung gekleidet sind/vnd hernach alle zumal auch leiblich vnd sichtiglich aufferstehen vnd empor schweben sollen/das vns alle ding mus ewiglich vnter den füssen ligen.

Da gehöret nu ein starcker glaube zu/der diesen Artikel starck vnd gut mache/vnd diese wort/ Christus ist erstanden/ mit grossen buchstaben inns hertz schreibe/vnd so gros mache/als himel vnd erden/das er nichts anders sehe/höre/dencke noch wisse/ denn diesen Artikel/ als sey nicht anders geschrieben jnn der gantzen cratur/vnd so ein bilde/das er sich gantz drein stecke/vnd nur dieses Artikels lebe/ Wie Sanct Paulus da von pflegt zu reden/als ein rechter meister diesen Artikel aus zustreichen/ vnd jmer beide hertz vnd mund vol hat/wie Christus aufferstanden ist/ vnd mit eitel solchen worten vbergehet/ Er hat vns sampt Christo lebendig gemacht/ vnd hat vns sampt jm aufferwecket/ vnd sampt jm jnns himelische wesen gesetzt/ zun Ephesern am andern Capitel/ Item/ Galatas am andern/ Ich lebe forthin nicht mehr/sondern Christus lebet jnn mir. Vnd zun Römern am achten/ Wer wil die ausserwelten Gottes beschüldigen/Gott ist hie/ der da gerecht machet/ wer wil verdammen? Christus ist hie/der gestorben ist/ja viel mehr/der aufferwecket ist ꝛc.

Wenn wir nu auch also gleubeten/ so hetten wir gut leben vnd sterben/ Denn solcher glaube würde vns fein leren/ das er nicht alleine für seine person sey aufferstanden/ sondern so an einander hengen/

hengen/das es vns gelte/vnd auch wir jnn dem/ Resurrexit/stehen vnd gefasset sind/Vnd vmb od= der durch dasselbe auch aufferstehen/ vnd mit jm ewiglich leben müssen/das schon vnser aufferste= hen vnd leben (wie Sanct Paulus auch sagt)jnn Christo angangen ist/ vnd so gewis/ als were es schon gar geschehen/ on das es noch verborgen vnd nicht offenbar ist/ Vnd sollen hinfurt diesen Artikel so scharff ansehen/ das alle ander anblick da gegen nichts seyen/ als sehestu nichts anders jnn gantzem himel vnd erden/Das wenn du sihest einen Christen sterben vnd begraben werden/vnd nichts denn ein tod ass da ligen/vnd beide für au= gen vnd ohren eitel tod ist/ doch durch den glau= ben jnn vnd dar vnter ein ander bild ersehest/ für jenes toden bilde/ als sehestu nicht ein grab vnd tod ass/ sondern eitel leben/ vnd einen schönen/ lüstigen garten/ odder eine grüne wiesen/ vnd darinn eitel newe/ lebendige/ fröliche/ mensch= en.

Denn so das war ist/ das Christus auffer= standen ist vom tode/so haben wir schon das beste stück vnd fürnemeste teil hinweg/ von der auffer= stehung/ das die leibliche aufferstehung des flei= sches aus dem grabe (die noch zu künfftig ist) da gegen geringe zu rechen ist/Denn was sind wir vnd alle wellt gegen Christo/ vnserm Deubt? Kawm ein tröpflin gegen das meer/ odder ein steublin gegen einen grossen berg? Weil nu Chri= stus/ das Deubt der Christenheit/ durch welch= en sie lebt vnd alles hat/ vnd so gros ist/ das
er himel

er himel vnd erden füllet/aus dem grabe erstan=
den ist/vnd da durch ein mechtiger Herr worden
aller dinge/auch des tods vnd der helle/wie wir
gehöret haben/So müssen auch wir/als seine ge=
lieder/durch seine aufferstehung troffen vnd ange
rurt werden/vnd eben des teilhafftig werden/das
er da mit aus gericht hat/als vmb vnsern willen
geschehen/ Vnd wie er durch sein aufferstehen al
les hat mit sich genomen/das beide himel vnd er=
den/Son vnd Mond mus newe werden/ so wird
er auch vns mit sich füren/wie Sanct Paulus jnn
der ersten zun Thessalonicher am vierden/vnd zun
Römern am achten sagt/ Das der selbige Gott/
der Christum von todten aufferweckt hat/ wird
auch vnsere sterbliche leibe lebendig machen/ vnd
mit vns alle creaturn / die itzt der eitelkeit vnter=
worffen sind/vnd sich engstlich sehnen nach vnser
herrligkeit/ auch von dem vergenglichen wesen
frey vnd herrlich werden sollen/ Also das wir
schon mehr denn die helffte vnser aufferstehung
haben/weil das Heubt vnd hertz bereit droben ist
vnd noch vmb das geringste zuthun ist/ das nur
der leib vnter die erden beschorren werde/ auff
das er auch moge vernewet werden/ Denn wo
das Heubt bleibet/da mus der leib auch hinach/
wie wir sehen an allen thieren/wenn sie zu diesem
leben geboren werden.

 Zu dem/ist noch eine helfft auch geschehen/
ja auch weit vber die helffte/ Nemlich/ das wir
sind durch die Tauffe/im glauben/schon geistlich
aufferstanden/ das ist/ nach dem besten stück an
vns/

vns / Vnd also nicht allein leiblich / Das aller best daran geschehen / das vnser Heubt aus dem grab gen himel gefaren / sondern auch nach dem geistlichen wesen / vnser seele jr teil hinweg hat / vnd mit Christo im himel ist (Wie Sanct Paulus pflegt zu reden) vnd allein noch die hülsen vnd schalen odder scherben hie nidden bleiben / aber vmb des heubtstücks willen auch hinach faren müssen / Denn dieser leib ist / wie Sanct Paulus sagt / nur eine hütten der seelen / als von erden odder thon gemacht / vnd ein veraltet kleid odder ein alter schebichter peltz, Weil aber die seele durch den glauben bereit im newen ewigen himlischen leben ist / vnd nicht kan sterben noch begraben werden / so haben wir nicht mehr zuwarten / denn das diese arme hutten / vnd der alte peltz auch new werde / vnd nicht mehr vergehen könne / weil das beste stück droben ist / vnd vns nicht kan hinder sich lassen / Vnd so der da heisset Resurrexit / hinweg ist aus dem tod vnd grab / so mus der da sagt Credo / vnd an jm hanget / auch hinach / Denn er ist darumb vns vorgangen / das wir sollen hinnach folgen / Vnd hat solches schon angefangen / das wir durch das Wort vnd Tauffe teglich jnn jm aufferstehen.

Sihe / also solten wir vns gewehnen zu solchen gedancken des glaubens / widder den eusserlichen leiblichen anblick des fleisches / der vns citel tod für die augen stellet / vnd mit solchem bilde schrecken wil / vnd den Artikel von der aufferstehung / jnn zweivel setzen vnd zurütten / Denn es

A   stösset

stösset gar seer für den kopff/ wenn man die vernunfft lesset mit jren gedancken/ den augen nach hengen/ vnd nicht das wort da gegen jnns hertz fasset/ Denn da kan einer nichts/denn eitel todes gedancken haben/ weil er sihet den leib da ligen/ jemerlicher vnd greulicher denn kein todten aß/ so schendlich faulen vnd stincken/das jn niemand auff erden leiden kan/ vnd mit keiner ertzney zu helffen odder zu weren ist/ denn das man jn gar verbrenne/ odder vnter die erden scharre/ so tieff als man kan.

Aber wenn du das wort im glauben fassest/ so kriegstu ein ander gesicht/das durch diesen tod hindurch kan sehen/jnn die aufferstehung/ vnd eitel gedancken vnd bild des lebens ergreiffen/Welchs ist eben ein stück der aufferstehung/ vnd anfang des newen lebens/ welchs auch newe synne vnd gedancken machet/ welche sonst niemand haben kondte/ wer nicht bereit durch den glauben hinuber were/vnd die aufferstehung ergriffen hette/vnd also auch den auswendigen menschen mit sich zöge/ das er dem selben nach dencken vnd leben müsse/Darumb kan er widder aller menschen natur vnd gedancken also schliessen/ vnd sprechen/Wenn ich wil der vernunfft nach richten/ wie ich sehe vnd verstehe/so bin ich verloren/Aber ich hab einen höhern verstand/ denn die augen sehen vnd sinne fülen/ den mich der glaube leret/ Denn da stehet der Text/ Der heisst/ Resurrexit/ Er ist aufferstanden/ vnd nicht für sich/ sondern vmb vnsern willen/das seine aufferstehung vnser ist/
vnd wir

vnd wir jnn jm auch aufferstehen / vnd nicht, im grabe vnd tod bleiben sollen / sondern mit jm auch leiblich einen ewigen Ostertag halten.

Denn sihe / wie thut ein Ackerman / der da seet auff dem felde / vnd das korn da hin jnn die erden wirfft / das es verfaulen vnd verderben mus / das es scheinet / als sey es gar verloren / noch hat er keine sorge da für / als sey es vmb sonst / ja er vergisset / wo das korn bleibt / fragt nichts darnach / wie es jm gehe / ob es die Worme fressen odder sonst verderbe / sondern gehet mit eitel solchen gedancken da von / das vmb die Ostern odder Pfingsten werden schöne halm her aus komen / vnd viel mehr ehern vnd körnlin tragen / denn er da hin geworffen hat / Wenn das ein ander sehe / der zuuor kein korn hette sehen wachsen / der würde gewislich zu jm sagen / Was machestu da / du narr / bistu nicht toll vnd töricht / das du dein korn so vnnützlich da hin verschüttest / jnn die erden / da es doch verwesen vnd verfaulen mus / vnd niemand kan zu nutz komen? Aber wenn du jn fragest / so wird er dir viel anders antworten / vnd sagen / Lieber / das wüste ich zuuor wol / ehe denn du / das ich das korn nicht sol vergeblich weg werffen / Aber ich thu es nicht darumb / das es verderben sol / sondern das da durch das es jnn der erde verweset / ein ander gestalt gewinne vnd viel frucht bringe / Also denckt jederman der solchs sihet odder thut / denn wir richten nicht nach dem / das wir für augen sehen / sondern da her / das wir Gottes werck jerlich gesehen

K ij   vnd er=

vnd erfaren haben / vnd doch nicht wiſſen noch verſtehen mögen / wie es zu gehet / viel weniger mit vnſer krafft vermögen/ ein helmlin aus der erde zu bringen.

Weil wir nu jnn ſolchem jrdiſchem weſen / ſolchs thun müſſen / viel mehr ſollen wir jnn dieſem Artikel ſolchs lernen (welchen wir viel weniger können begreiffen vnd verſtehen) weil wir Gottes wort haben/ da zu die erfarung/ das Chriſtus vom tode aufferſtanden iſt / Vnd nicht dem nach richten/ was wir für augen ſehen/ wie vnſer leib begraben/ verbrand oder ſonſt zu erden wird/ ſondern Gott laſſen machen vnd ſorgen/ was dar aus werden ſol/ Denn wenn wirs ſo bald für augen ſehen/ ſo dürffen wir keines glauben/ vnd hette Gott nicht rawm/ ſeine weisheit vnd gewallt vber vnſer weisheit vnd verſtand zu erzeigen/ Darumb heiſſt das der Chriſten kunſt vnd weisheit/ das man jnn heulen vnd klagen/ könne tröſtliche vnd fröliche gedancken des lebens erſchepffen/ das vns Gott leſſet alſo jnn die erden beſcharren / vnd verfaulen auff den winter/ auff das wir auff den Somer ſollen widder erfür faren/ viel ſchöner denn dieſe Sonne / Als ſey das grab / nicht ein grab / ſondern ein ſchöner wurtzgarten / darinn ſchöne negelken vnd roſen gepflantzet/ ſo auff den lieben Sommer da her grunen vnd blühen ſollen/ Gleich wie auch des HERRn Chriſti grab hat müſſen ledig werden/ vnd nicht ſtincken / ſondern auch lieblich herrlich vnd ſchon werden.

Alſo haben auch die lieben heiligen Merterer vnd

rer vnd Jungfrawen/ gered vnd gedacht/ da man sie jnn kercker vnd zum tode fürete/ als man lieset von Sanct Agatha/ das sie sich liesse düncken/ das sie solt zum tantz gehen/ vnd alle marter vnd pein/ da mit man jr drewete nicht anders achtet/ denn als pfieffe man jr ein reyen/ das sie tantzen solt/ Also schreibt man von Sanct Vincentio vnd andern/ das sie mit freuden vnd lachen zum tod gangen sind/ vnd jre Richter vnd Hengker da zu gespottet/ Denn sie haben die Aufferstehung viel fester eingebildet/ denn kein bawer seine erndte auff dem felde/ vnd so gewis gefasset/ das sie den Hengker/ tod vnd Teuffel da gegen für einen spot hielten.

Solchs lasst vns auch lernen/ das wir den Artikel jnn vnser hertz treiben/ vnd vns sein trösten vnd darauff trotzen können/ wenn der Teuffel seinen spies widder vns wetzet/ vnd mit tod vnd helle drewet/ Denn (wie gesagt) weil vnser heubt/ dar an es alles ligt/ aufferstanden ist/ vnd lebt/ vnd wir jnn jm getaufft sind/ so haben wir schon weit mehr denn die helffte hinweg/ vnd nur ein klein stücklin noch vberig/ das wir vollend die alte haut müssen abziehen lassen/ das sie auch widder new werde/ Denn weil wir das erbgut schon gantz haben/ so müssen die hülsen vnd schalen auch dem selben gewislich folgen.

Das sey auff dis mal von diesem Artikel gepredigt/ von vnserm HERRN Jhesu Christo/ das man sehe/ wie darinn beschlossen vnd begriffen ist/ alle vnser weisheit vnd kunst/ die ein
                K iij   Christ

Christ wissen sol/ welche ist wol ein hohe weisheit/ vber alle weisheit vnd kunst/ Aber nicht auff erden gemacht/ noch aus vnserm kopff gewachsen/ sondern von himel offenbart/ vnd heisset eine Göttliche/ geistliche weisheit/ vnd solche (wie Sanct Paulus sagt) die da verborgen ligt/ in mysterio/ Denn vernunfft vnd wellt kan der stück keines durch sich selb erlangen/ noch begreiffen vnd verstehen/ obs jr gleich für gelegt wird/ Sondern thut nur das widder spiel/ ergert sich solcher lere/ vnd hellt es für lauter grosse torheit/ Das Gott mit seinem wort mus nur jr Narr sein/ ja jr lügner da zu/ vnd was er redet vnd leret/ mus alles verdampt vnd die ergste ketzerey vnd verfürung des Teuffels/ heissen/ Wie wir jtzt selbs erfaren vnd leiden müssen von den vnseren/ so wir doch nichts anders leren/ denn diesen Text/ den sie selbs mit vns teglich singen vnd sprechen/ Vnd kein ander vrsach ist/ darumb wir ketzer von jnen gescholten werden/ denn das wir den Artikel von dem HERREN Jhesu Christo/ so klar vnd gewaltig/ treiben vnd rhümen/ das ers allein alles sey vnd gelte/ was wir haben/ vnd da von wir Christen heissen/ vnd keinen andern Herrn/ gerechtigkeit noch heiligkeit/ wollen wissen/ Es geschicht vns aber zu grossem trost/ weil wir des sicher sind/ das wir vmb keines andern dings auff erden/ verfolget werden/ denn vmb des HERRn Christi willen/ vnd des Glaubens/ den wir von den Aposteln empfangen haben/ vnd bis her jnn aller wellt gangen vnd blieben ist/ Das ist vnser sunde vnd ketzerey/

rey/für der wellt/Aber vnser trotz/rhum vnd freu
de für Gott/ mit allen Heiligen von anfang der
Christenheit/Da lasset vns bey bleiben/ vnd nur
an dieser kunst teglich lernen/ als darinn all vnser
weisheit/ heil vnd seligkeit stehet/ das/ wo der
Artikel bleibt/ da bleibt es alles/ das man der
sachen gewis/ vnd ein rechtschaffen vrteil hat/
das man sprechen kan/ vber alle andere lere vnd
leben/ Vnd widderumb/wenn dis stück fellet vnd
ligt/so ligt alle vnser heil vnd trost vnd weisheit/
das niemand mehr recht richten noch vrtei=
len kan/ wedder von lere noch leben.
Des helffe vns Gott durch den
selben seinen lieben Son Jhe
sum Christum vnsern
HERRN/ Gelo=
bet jnn ewig=
keit/
AMEN.

Gedruckt zu Wittemberg
durch Nickel Schir=
lentz.
M D XXXIII.